片づけで
運気が上がる

楽々できる
生前整理収納

戸田里江 整理収納コンサルタント

さくら舎

はじめに
生前整理は幸せを呼ぶ

東日本大震災の後、モノをためこむ方が増えているように思います。私は「整理収納コンサルタント」として、毎日、片づけの現場に立ち会っていますが、押し入れに防災用品がたくさん詰めこまれているお宅も珍しくはありません。

でも、あんなにいろいろ詰めこんでいて、いざというときに必要な避難袋をさっと取りだすことができるのでしょうか。探しまわっているうちに、かえって危険な目に遭《あ》うのではないかと心配になります。私たちは生活するうえで多くのモノを必要としますが、多すぎていいことはありません。

過去をたどれば、日本の昭和30年代前半は高度経済成長期で、つくれば何でも売れる時代でした。そして電気冷蔵庫、電気洗濯機、白黒テレビの3つ、いわゆる「三種の神器」を持つことが文化的な暮らしの証明とされました。

現代は、いつでもどこでもほしいものが簡単に手に入ります。ましてや、ほんとうは「なくてもすむもの」まで、つい衝動買いしたくなるような仕掛けができています。

しかし、それでほんとうに生活が豊かになったかといえば、大いに疑問です。モノが多くなると、どんどん吹き溜《だ》まり、積み重なっていきます。当然ながら、住まいのスペースは簡単に広がらないので、遅かれ早かれモノたちに占領され、日々の暮らしが息苦しくなってしまいます。

片づけは多くのエネルギーを使う作業です。「片づけなければ」と思うと、ますます気が滅入《めい》ってくるかもしれません。でも、思い切って片づけてみれば、自分自身に重くのしかかった不安や不快感も解消できるでしょう。

私と同じ整理収納の仕事をしている友人が語った、こんな言葉が強く印象に残っています。

片づけは「運動」です。

ほんとうに、そのとおり。片づけは「運」を「動かす」ことにつながります。不要なモノたちと別れ、身のまわりをすっきりさせることで、これからの生き方の指針が決まり、運気を上げることができるのです。

私は、50年、60年という年月を生きてきた方が、生活を楽にするために本格的な片づけをおこなうことが「生前整理」だと考えています。

長い間、大切にしてきたモノたちを捨てなければならないと思えば、悲しくなる気持ちもわかりますが、生前整理は「人生の棚卸《たなおろし》」。ちょっと立ちどまって身のまわりにあるモノと心のありようを整理して、**これからの人生をより快適に、より豊かに変えていくための作業**です。前向きで、楽しい作業なのです。後に遺《のこ》す家族に迷惑をかけないよう、自分自身でやっておくべき仕事でもあります。

私が片づけをお手伝いした方々からも、「生前整理をしたら幸せな出来事が次々に起こった」という、うれしいお便りがたくさん届いています。一通をご紹介しましょう。

＊　＊　＊

家の状態は、住んでいる人の健康状態と同じです。モノが片づかず、あふれているのは、食べすぎで太っている身体と一緒です。片づかない家に住んでいると病気になります。病気だから片づかない、とも言えます。

持ち物を分類できなくなり、何が大切で何が不要なのかがわからなくなったら、それは心のSOSです。心の声に耳を傾けないでいると麻痺《まひ》してしまい、モノは増えつづけ、無駄に買いつづけてしまいます。現代人の多くはそのサイクルにはまっているのでしょう。

私は自分の心が見えなくなっていたので、いらないモノを衝動的に買って、お金の無駄遣いをしてきました。でも、片づけをしてから、生活スタイルが変わりました。心にゆとりが出てきました。新しい趣味もできて、元気になりました。これまで夢中だったことがつまらなくなり、時間の使い方も変わりました。自分の心が見えるようになったからです。

片づけは、捨てることではありません。何を持っているかに気づくことです。気づけば、持ち物が生きてきます。気持ちが前向きに、明るくなります。これも片づけの副産物です。いいえ、このほうが、じつは重要なのかもしれません。

片づけはたいへんな作業ですが、片づけられないことを隠してひきこもりになったり、恥《は》ずかしくて人に言えなかったりという時代は終わりにしませんか？

人間、誰だって好きなように生きていいのですが、何かを変えたい、変わりたい、元気になりたいと思うなら、まずは家の中を片づけてみることを、私はおすすめします。

戸田里江《とだりえ》

◆目次

第2章　まずはじめに「脳内整理」

第3章　戸田メソッドで生前整理収納が楽になる

第４章　書類から衣類まで「モノ」の整理法

第5章　収納スペースを何倍にも活用する法

第6章　親の家の片づけ問題

楽々できる生前整理収納

片づけで運気が上がる

第1章

「捨てなければならない」思いこみを捨てる

「捨てられない人」の心の中

日々、「整理しなくちゃ！」「片づけなくちゃ！」と焦《あせ》りつつ、くり返しご自身を叱咤《しった》激励《げきれい》されている方がいます。私が主催する「生前整理講座」で、よくお目にかかる60代の女性です。

「片づけは少し進みましたか？」とお聞きすると、「捨てなくちゃいけないのよね」という苦しげな返事。

じつはこういう方、とても多いのです。「捨てなければ片づかない」といった思いこみでがんじがらめになり、身動きがとれなくなっているようです。そういう方々に「捨てなくてもいいんですよ」と言うと、みなさん、とてもびっくりして、「えっ、そうなの！」と、うれしそうに目を丸くされます。

「○○しなくちゃ」が口癖になった人は、「○○しなければいけない」「○○ができないのはダメな人間だ」といった強迫観念にとらわれ、いつも苦しい心理状態に置かれています。

しかし、**「捨てなければ片づかない」というのは間違った常識です。**むしろ「捨てなければ……」の気持ちが強いほど、片づけは進みません。捨てることを考えただけで、なつかしい思い出や大切な品々と決別しなければならないというさびしさが募《つの》り、追いつめられたような気持ちになって、なおさら手放せなくなってしまいます。

捨てることには罪悪感《ざいあくかん》もつきまといます。捨てなければならないと思いながらも、実際にその「モノ」を目の前にすると、「やっぱり、もったいない」と思ってしまうのです。とくに、戦争を体験された方々は、モノのない時代を耐え、ひもじさに苦しんだトラウマをお持ちです。「モノを簡単に捨てるなんて、そんな罪なことはしたくない」と考えてしまうのも無理はありません。

しかし、ちょっと考えてみてください。もしかしたら、実際には使わない、あるいは、使わなくなった多くのモノたちに囲まれて生活することで、毎日のように不要なストレスと闘いながら、とても苦しい暮らしを強《し》いられているのではありませんか？

どんなに高価な衣服であっても、何年もの間、誰も身につけることなく、簞笥《たんす》の奥にしまわれているようでは、それこそ、なんともったいないことでしょう。スペースの問題もあります。着られない衣服や使われないモノが占領している簞笥や、クローゼットや、戸棚や、納戸《なんど》や、物置部屋のスペースはどれほどになるでしょう。

スペースを無駄に遊ばせているだけなら、まだいいのです。実際には、あなたが快適に暮らせるはずのスペースを狭め、よけいな探し物や片づけ物を強いることで、あなたの貴重な時間や労力まで無駄に使わせているのではないですか？

モノに対する「もったいない」の気持ちと、あなた自身のストレスや無駄な労力と無駄な出費。一度、それらを天秤《てんびん》にかけてみませんか？

片づけ上手への第一歩

「捨てられない人」や「片づけ下手」のお宅には、一瞬にしてわかる、共通した特徴があります。みなさん、総じて同じような場所の片づけや、同じようなモノの整理に苦労されています。その最たる場所がキッチンであり、なかでも箸《はし》やスプーンなどのカトラリー類を入れる引き出しです。

さて、あなたのお宅のカトラリーの引き出しはどんな状態でしょう。

この引き出しの整理、意をけっしてやってみれば、案外、簡単にできるものです。試しに、挑戦してみませんか？

「カトラリー」とは食卓用の器具類のことで、箸や箸置きから、スプーン、フォーク、ナイフ、マドラーなど雑多なツール類が含まれます。片づけ上手なお宅では、引き出しを開けるとそれらが専用のトレーにきちんと分けられ、整然と並んでいます。これなら、いつでも必要なものを即座に取りだせるでしょう。

ところが、片づけ下手なお宅ではすべてがごちゃまぜです。ご家庭によっては、割り箸や栓抜《せんぬ》き、缶切り、さらにコンビニでもらったプラスチックのスプーンやソースまで一緒に詰めこまれているため、必要なものを取りだすためにざくざくとかき分けなければなりません。そのための労力やストレスはたいへんなものでしょう。

でも、たった1回、15～20分の作業だけで、はるかに使いやすく改善することができます。

用意するのは、4～5個の菓子箱などと、箱に貼る紙だけ。紙にはあらかじめ「よく使う」「来客時に使う」「季節によって使う」「思い出がある」などと書きこみ、箱に貼っておいてください。そして、ダイニングテーブルなど大きな平面に箱を並べ、その前にカトラリーの引き出しの中身をざっと空けてしまいます。

ここから、いよいよ分別の開始。「要か、不要か」「残すか、捨てるか」の分別ではありません。あくまでも、収納のためのグループ分けです。

家族の食卓で日常的に使う箸やスプーンやフォーク類は、当然「よく使う」箱へ。ふだんは使わない来客用の箸や箸置きは「来客時に使う」箱へ投げ入れます。新婚旅行先で買ったけれどあまり使わない箸や、子どもたちが小さい頃に使っていたスプーン、フォーク類は、「思い出がある」の箱にどんどん投げ入れていきます。

「整理下手」のお宅のカトラリーがごちゃごちゃしてしまう最大の原因は、種類が多すぎることです。しかし、だからといって、いきなり減らすこと、捨てることを考える必要はありません。まずは、分けるのです。

「分ける」ことから始めると片づけたくなる

用途の似たモノたちをまとめることで、自分が何を、どのくらい所有しているかがわかりやすくなります。グループごとに並べて、俯瞰《ふかん》してみると、同じような用途のモノをどれだけ持っているかもわかりますし、自分自身の趣味やこだわりもはっきり見えてきます。

そして、「こんなモノまで入っていた」と気づくことで、はじめて「片づけたい」と強く感じます。「捨てたい」という衝動に駆られることもあります。「分ける」という作業こそが、本気で片づけに着手し、無理をしないで手放すための重要なポイントとなるのです。

たとえば、自覚のないまま、同じ形や似たデザインのカトラリーをたくさん買いそろえていたことに気づいたとしましょう。この段階で、「似たようなモノをたくさん持っていてもしょうがない」と考え、一部を処分される方もいます。一方、「好きなモノは好きなのだからしょうがない」と考えて、そのまま持ちつづける方もいます。

もちろん、好きなモノは持ちつづけてかまいません。ただし、収納場所と収納方法には再考が必要でしょう。

たまにしか使わない来客用や思い出の品まですべて、頻繁《ひんぱん》に開け閉めする食器棚の引き出しにしまっておく必要性はありません。むしろ日常用とははっきり分けて収納するほうが、スペースを節約できるし、作業効率もよくなります。たとえば「来客用」と明示した箱に入れて、食器棚の上段や膝《ひざ》より低い棚に収納すればいいのですが、具体的な方法については後の章で詳しく説明しましょう。

さあ、キッチンの引き出しに入れるのは、「よく使う」ツール類だけとなりました。どうでしょう。日常使いのカトラリー類の引き出しはすっきり片づき、必要なモノを取りだしやすくなったのではありませんか？　来客用や季節用のカトラリーも、必要なときに簡単に見つけられるようになったのではないですか？

片づけは「収納」から考えるのではなく、分けることが最重要課題であることがおわかりいただけたでしょうか？

キッチンのカトラリー類の片づけ

整理前

↓

整理後　一つの引き出しに収まりました

はじめて片づけに着手された方の実例です。20分でできました

手放す苦痛は一瞬、持ちつづけるストレスは一生

これはカトラリー類の整理に限った話ではありません。所有しているモノたちを用途や使用頻度《ひんど》、使用する時期などに応じてグループ分けし、同じグループのモノは分散せず、まとめて収納する。これは、片づけの基本です。

「片づかない」「整理できない」の最大の原因は、モノが多すぎること。でも、片づけるために何かを捨てなければいけないと思うと、片づける勇気が湧《わ》いてこない――。片づけ下手、整理下手の方々の多くが抱える共通の悩みです。

だったら、まずは**捨てることを考えず、分類と収納スペースの見直しから始めましょう。**そうすれば、捨てるべきモノも自然と見極《みきわ》められるようになります。ほんとうに必要なモノや好きなモノだけに囲まれた、快適な生活を始める第一歩です。

カトラリーの引き出し一つを整理したことから、キッチンにあるすべての食器や調理用具類のグルーピング（第5章でやり方を説明します）や収納場所の見直しが始まったお宅もありました。

以前はぎゅうぎゅうに詰めこまれていた賞味期限切れの食品や、使うアテもなくただ所有しつづけてきた雑貨、食器類などを思い切って整理したら、食器棚にかなり広いスペースが

生まれました。そこに、ほんとうに必要なモノや好きなモノだけを収納することで、必要なモノを取りだしやすく、しまいやすくなったと、とても喜んでいらっしゃいます。

捨てないことから始めるほうが、案外、うまくいく片づけもあるのです。

モノを手放す苦痛は一瞬です。しかし、不要なモノに囲まれた、ストレスに満ちた生活は、長く続きます。ひょっとしたら、あなた自身の死後、あなたが愛するご遺族にまで大きな禍《か》根《こん》を残すことになるかもしれません。

「ゴミ屋敷症候群」は他人事ではない

最近、テレビのワイドショーやニュース番組で、身近な社会問題としてよく取りあげられるものに「ゴミ屋敷」があります。

壊れた家具や大型家電製品から、汚れた衣類、果ては悪臭を放つ生ゴミまで、あらゆるモノが庭先に積みあげられ、一部は敷地内に収まり切らず公共の道路にまであふれています。外からは見えませんが、おそらく室内も同じような状況なのでしょう。

他人事だと思われるかもしれません。しかし、マスコミで話題になるような「ゴミ屋敷症候群」は氷山の一角です。私が依頼を受けて整理にうかがうお宅の中にも、ゴミ屋敷に近い家が増えてきました。

60代で一人暮らしの女性のお宅を訪ねたときのこと――。

一戸建てのその家では、収納スペースからあふれた日用品や新品の雑貨、本、雑誌などが、床から天井近くまで積みあげられ、マイナスのオーラを放ちまくっていました。床も棚も埃《ほこり》だらけなのは、モノが邪魔して掃除ができないためです。

窓が開けられず、新鮮な「気」が入らないから、住まい手にも元気がありません。ここまで来てしまうと、もう何も気にもならない様子で、ほとんど放置状態です。**人間には環境に溶けこむ習性があるため、慣れてしまうと何も感じなくなる**のです。

見るに見かねて「実家を何とかしてほしい」と依頼してきたのは、別に住んでいるお子さんでした。

まずはご本人に会って、カウンセリングをおこないました。カウンセリングといっても雑談のようなもので、最近の暮らしぶりや生活習慣、大切にしていることなどを、ご本人の口からお聞きします。

カウンセリングの結果、この女性は「過去」に深く執着《しゅうちゃく》していることがわかりました。それまでの人生で自分がたどってきた道筋をほとんど捨てられず、「記録魔」と呼べるほど「記録」にも強いこだわりを持っていらっしゃいます。

なにしろ、小学生の頃から一日も欠かさず日記を書きつづけ、一冊も手放すことができないというのです。写真や手紙や記録類も同じ。すべて段ボール箱に詰めてありましたが、その数なんと１００箱以上！

「日記や手紙を読み返すことはありますか？」とお聞きしたところ、「一度だけあった」と。

「10年前の自分の行動がわかって、ほんとうに安心したわ」

誰もが直面する生前整理

このように、過去をふり返りながら前に進んでいこうとするタイプの方に、モノを手放すことや捨てることをおすすめしても、間違いなく拒否されます。

とくにご高齢で、モノを捨てられない生活を送っている方の場合、傍目《はため》には生きることが困難なようにも思えますが、案外、ご本人には何の悩みもありません。困っているのは、ご家族や親戚です。

最近、とくに多いのは、別に暮らしている息子さんや娘さんがカオス（混沌）状態になった実家を見て唖然《あぜん》とし、何とかしなければいけないと考えるケースです。モノがあふれて足の踏み場もないような実家では、孫を連れて遊びにいくこともできない、交流したくてもできないためです。

しかし、ご家族から整理の依頼があっても、私はかならず「ご本人はどう考えていらっしやるのですか？」とお聞きします。

「ご本人に片づける意思《いし》がなければ、絶対に作業には入れません」

実際、身内の方々がいくら熱心に説得しても、ご本人が「片づける」ことをかたくなに拒《こば》むケースは少なくありません。

ゴミ屋敷症候群の現場を数多く見て、制覇《せいは》してきた私の経験から憶測《おくそく》するに、多くの場合、その原因は「勝手に捨てられるのが怖い」という心理のようです。

年齢を重ねた方は、さまざまな複雑な思いに囲まれて生きていらっしゃいます。ご自分を取り巻く不安、孤独、悲しみなどのマイナスの感情と折りあいをつけるため、たくさんのモノたちに囲まれることで、安心や安全を感じ、心のバランスをとっているのではないでしょうか。

「とにかく現在の状態から変わりたくない、変わるのが怖い」という心理状態にあるというのが私の見立てです。

まだ若いお子さん方には、なかなか理解しにくい感情かもしれません。しかし、老いれば誰もが同じ気持ちになるかもしれません。

まさにそこが、日々の片づけや整理整頓と生前整理が大きく違うところです。生前整理は、**長い時間を積み重ねて生きてきた方々が、人生を見直す作業です。単なるモノの整理ではな**

く、過去の積み重ねや人間関係、しがらみ、思い出などの整理なのです。

他人の目には一様に雑多なモノ、不要なモノたちに見えても、ご本人にとっては簡単に手放せないものばかりなのでしょう。それなのに、「お母さん、こんなの、もういらないでしょ」などと言われれば、自分の人生そのものを否定されたように感じるのではないでしょうか。

生前整理を、合理性や利便性、あるいは効率だけで考えてはいけません。ご本人の「心」と丁寧《ていねい》に向きあう必要があるのです。

私がすすめる整理収納法

専門用語では片づけ全般のことを「整理収納」と呼びます。「整理」は「要・不要」を区別し、不要品を取り去ること。「収納」は、使いやすく収めることです。

収納は、整理という土台の上に築かれる家です。モノには一つひとつ「収納場所」という家があり、その家に入る量だけ、必要な分だけを持ちつづければ、絶対に増えすぎることはありません。

また、モノを使った後、かならず家に返すようにすれば、消えてなくなることはないし、使うたびにいちいち探しまわる必要もありません。よく使うモノはすぐ取れる手近な範囲に置き、取りだしやすく、しまいやすい動線を考えて収納プランをつくれば、以降の生活がまったく変わります。

私が推奨《すいしょう》する整理術は、まず「捨てなければならない」の思いを捨てるところから始まります。「捨てるべき」から始めない整理収納方法です。

「もったいない」と思って、モノを大切にすること自体はすばらしいのです。ただし、「捨ててはいけない」という気持ちが強すぎると、あきらかに不要なモノまでいっさい処分できなくなります。なかには、生ゴミすら捨てられないという病的な方すら出てきてしまいました。その結果が、たとえばゴミ屋敷の増殖です。

片づけ下手な人の心の中には、つねに「だらしない人間だと思われているのではないか」という不安があります。しかし実際には、まじめだからこそ「捨てなければならない」という気持ちと、「もったいない」「捨ててはいけない」という思いがせめぎあい、疲れ果ててしまうのではないでしょうか。

本来の整理収納の第一歩は、たしかに「不要品を捨てる」ことかもしれません。しかし、何が必要で何が不要かの尺度はとてもあいまいで、きわめて個人的です。

たとえば、他人から見ればあきらかに不要なモノでも、本人にとっては大切な思い出の品であることがあります。今現在は不要でも、将来、必要になるかもしれないモノもあります。

また、自分自身は捨ててもいいように思うのだけれど、もしかしたら子どもたちにとっては重要かもしれないモノもあります。

そんなことをあれこれ考えはじめると、ますます捨てられなくなり、「自分は決断力のないダメな人間だ」という自己否定の思いにとらわれてしまいます。だとしたら、まずは「捨てなければならない」と考えること自体を捨ててみませんか？

「捨てる」から始めるのではなく、まず「見る」こと。次に「分ける」こと。「捨てない」から始める整理収納を始めましょう。

第2章

まずはじめに「脳内整理」

自分らしく快適に生きていくために

この章では、生前整理を始める前に、かならずやらなければならないことについてお話ししましょう。自分の頭の中の整理、つまり「脳内整理」です。

脳内整理は、今後、あなたが第二、第三の人生を、あなたらしく快適に生きていくための人生設計でもあります。「生前整理に人生設計は関係ないでしょう」と思われるかもしれませんが、今後の人生の目標（ゴール）を決めなければ、生前整理を上手に進めることがむずかしくなります。

人生の目標は、もちろん人それぞれです。でも、誰でも自分らしく豊かに生きたいと願っていることに違いはないはず。では、あなたにとっての豊かさとは何でしょう。

改めて「人生の目標」などと言われてもピンとこないかもしれませんが、考えるヒントはあります。あなた自身がこれまで生きてきた歴史です。過去のあなたがどういうときに何を求め、どう決断し、何を選択してきたかが、今後のあなたが何を求め、どういう決断を下し、何を選んで何を捨てていくかの基準ともなるのです。それは、言ってみれば、生き方の価値基準です。

「人生の目標」は、「晩年をどのように過ごしたいか」と言い換えてもいいでしょう。自分

自分軸をつくる

しっかり根を張れる土台をつくる

自身の晩年をどう過ごしたいか、この問題としっかり向きあうと、これからの自分が何を選び、何を捨てていくべきかの基準が見えてきます。私はそれを「自分軸」と呼んでいます。

自分軸を立てることができなければ、生前整理でもっとも重要なポイントとなる「要・不要」の見《み》極《きわ》めができません。使う気も使う予定もないのに「これはまだ使える」「高価だったから、捨てたらもったいない」などと考え、いつまでも過去に執着《しゅうちゃく》して整理できないまま、何も変わらない状態にとどまってしまうでしょう。

家の中、部屋の中の状態は、あなた自身のこれまでの生きざまです。現在のあなたが所有しているモノたちをながめながら、過去のあなたがどう暮らしてきたかを見直し、今後の人生の目標を決めることが、生前整理の第一関門となります。

さて、あなたは不要なモノに囲まれたゴタゴタ状態の家であっても、何も変えずこのままの状態で暮らしたいのでしょうか。それとも、すっきり片づいた家でシンプルに暮らしたいのでしょうか。

いやいや、大好きなモノたちや自分が制作したたくさんの作品をながめながら、ゆとりある華《はな》やかな晩年を味わいたいのでしょうか。あるいは、お子さんやお孫さんたちと一緒に楽しい時間を過ごせる、開かれた空間をつくりたいのでしょうか……。

あなた自身の暮らし方の価値観こそが、生前整理のゴールです。そのゴールを、最後まで、しっかりと見据《みす》えて作業を進めることができれば、あなたの生前整理は成功するでしょう。

「片づけが苦手」な人が陥る悪循環

「片づけが苦手《にがて》」という方の多くは、極端に言えば、次のような傾向をお持ちです。

① 物事に段取りや序列をつけられない
② 「NO」と言えない

③ モノが散らかっているのに慣れている
④ 自分らしく生きられていない

自分なりの価値観があまり明確でないため、ほんとうに必要なモノやコトがわからず、不要なモノやコトを排除することができません。その結果、頭の中もゴタゴタ、家の中もゴタゴタ。さらに悪いことには、そうした状況に慣れてしまっています。

雑然とした状況に慣れてしまうと、「片づけなければいけない」と思いながらも着手することができません。「自分は片づけられないダメな人間だ」と思いこみ、「どうせ、片づけられない」と決めつけてしまうのです。

自意識や自己肯定感が極端に低いのは、片づけが苦手な方の共通点です。その結果、自分は不幸だと思いこむ人や、自分自身の世話まで放棄してセルフネグレクト（自己放任）に陥《おちい》る人がいます。一方では、ますますモノを買い集めることで優越感を保とうとする人もいます。どちらにしても、あまり幸せになれそうにありません。

では、そうした「片づけ下手」の悪循環には、何かきっかけがあるのでしょうか。

片づけが苦手で悩んでいる人は、もちろん若い方の中にもいます。そういう方々の話をお聞きしていると、いくつか気づくことがあります。

一つ目は、持病があるなどして、体調がおもわしくないこと。
病気と片づけはあまり関係ないと思われるかもしれませんが、じつは大いに関係していま
す。体調が悪いせいで整理をする気力が湧《わ》かないこともあるでしょうし、逆に整理できない
から体調が悪くなることもあります。モノが多すぎて掃除も換気もできないような部屋で暮
らしていれば、健康を害さないはずがありません。ぜんそくやアトピー性皮膚炎などは、か
からないほうが不思議なくらいなのです。
二つ目は、多くの問題を抱えながら、すべて自分が対処しなければならないと思いこんで
いること。
本来、まじめで責任感が強いがゆえに、「あれも、これも」と引き受けてしまうのでしょ
う。頭の中にあまりに多くのコトを抱えこんだ結果、何がいちばん重要なのか、どれから先
に始めればいいのか、優先順位がつけられなくなってしまいます。身の丈《たけ》を超えるほどの
「コト」の量に押しつぶされ、「やらなければ」と思いながらも何もできず、自己嫌悪の悪循
環に陥っていくようです。
そうなのです。家の中が片づかないと嘆く方々は、頭の中も家の中のゴタゴタと同じ状態
であることが多いのです。

無理なく、苦痛なく進めるには

すっきり片づいた家で身軽に暮らしたい、そうすべきだと思っているのに、それができないのは、精神的にたいへんな苦痛でしょう。

ここまでくると、「片づけなければいけない」と思うのも、かならずしも自分がそうしたいためではなくなり、他人から「片づけられない人」「だらしない人」と思われるのが恥《は》ずかしいから、という精神状態になっていきます。

第1章でお話ししたように、片づけや整理が、モラル的なイメージで受けとめられがちなことも関係しているでしょう。「整理できるのがきちんとした人、できないのはダメな人」という思いこみから、まじめであればあるほど「片づけられない自分」を肯定することができず、どんどん自信を失い、何をするにも第一歩を踏みだせなくなってしまうのです。

こういうタイプの「片づけ下手」の方は、モノを整理する前に、まずは自分自身の現在の生活を見直さなければなりません。

そもそもの苦痛は「片づけるためには、捨てなければいけない」と考えるところから始まっています。「片づけ＝捨てる」という方程式が頭の中で固定化し、「捨てなければならない」と考えると、ひじょうに苦しくなります。

何であれ、「○○しなければならない」という心理状態は、現在の自分自身の否定につながります。「○○しなければならないのに、できない私」、つまり「まだ片づけられない私」を情けなく、罪深く感じてしまうのです。

無理なく、よけいな苦痛なく、自分らしく生きるためには、まず「○○しなければならない」という気持ちから脱却する必要があります。

多くの場合、「あれもやらなければ、これもやらなければ」と思いこんで頭の中に抱えこんでいるコトたちの中には、ほんとうは自分がやらなくても何とかなるコトや、やる必要のないコトも、少なからず含まれているものです。

そういうコトたちを一つずつ手放していくと、心にゆとりが生まれます。他のコトを考えるスペースが見えてくるのです。そして、心にゆとりが生まれると、不思議なことに、部屋を片づけようという時間や気力が復活してきます。

収納テクニックに頼るとリバウンドする

あるとき、東京の豊島区にお住まいのAさんから、生前整理を依頼されました。

お宅にうかがってみたら、びっくりすることに家の中は本だらけ。驚くほどの書籍が本棚からあふれだし、床の上にまで所狭しと積みあげられ、身動きがとれないほどです。

それらの本の中には、片づけのテクニックについて書かれた本が何冊もありました。「こういう本はお読みになったのですか？」とお聞きすると、にこにこ笑いながら「読んだのですが、うまくいかなくて……。あきらめてしまいました」という返事。

よくあるケースです。

巷《ちまた》で売られている「収納本」には、「〇〇はこのように収納するときれいに片づきます」といった「収納術」を紹介するものが多く、そのとおりにやれば自分の家もきれいに片づくと思わせてくれます。

でも残念ながら、それは大きな勘違《かんちが》い。一度は片づいたように見えても、すぐ元の状態に戻ってしまう「リバウンド」の被害者が大勢いらっしゃいます。

せっかく片づけてもリバウンドしてしまうのは、将来を見据《みす》えた人生設計もなく、暮らし方の土台づくりもしないまま、いきなり収納テクニックに頼ろうとするためです。

テクニックだけ学び、１００円ショップに走って便利な収納用品を買いそろえることで問題を解決しようとすれば、かならずといっていいほどリバウンドします。

そして、片づけが失敗に終わったことで、「やっぱり私は片づけが下手」「私に整理はできない」というレッテルを、自分自身にべったり貼りつけることになってしまうのです。

でも、ほんとうは正しい整理の仕方を知らないだけで、できないわけではありません。

たとえば、テニスがうまくなりたいと思っている人がいるとしましょう。一生懸命に有名な選手の試合を見ても、それだけでは絶対にうまくなりません。やはり自分でラケットを握って、何度も素振りをしたり、実際にボールを打ったりして、基礎の土台をつくらなければ上達しないはずです。

片づけも同じなのです。いくらすばらしい収納アイディアを真似てみても、土台ができていなければ、身につきません。

ここで言う「土台」こそが、あなた自身の「暮らしの価値」です。書店へ行けばあらゆる種類の収納本が売られていますが、「暮らしの価値」という原点から説明している収納本はなかなか見つかりません。見栄《みば》えのいい「収納ノウハウ」や「収納テクニック」ばかりにひかれ、結局、失敗する方が多いのもそのためでしょう。

Aさんにもそうお伝えして、現在の楽しみはどんなところにあるのか、今後の人生をどんなふうに生きていきたいかなど、あれこれ語りあいながら片づけを始めました。

すると、「暮らしの価値」が少しずつはっきりしてきて、Aさん自身にもそれまでよくわからなかった第二の人生の目標が見えてきました。しっかりした「自分軸」を立てることができたのです。

それからは、本の整理もさくさくと進めることができました。

「コト」の引き算から始めてみる

私たちに整理を依頼される方の中には、「整理は面倒だから嫌い」とはっきりおっしゃる方もいます。「たいへんそうだから、どうしてもやる気になれない」という方や、「やる気はあるけれど、どこからどう手をつけていいのかわからない」という方もいます。

そしてもちろん、「忙しくて片づける時間がない」という方もたくさんいらっしゃいます。

実際のところ、「なぜ、片づけられないのか」の理由でいちばん多いのがこの答え。しかし、ほんとうは何が自分を忙しくしているのかはあいまいなまま、「できない、できない」というケースがほとんどです。

神奈川県にお住まいのＢさんもそうでした。60代に入り、そろそろ生前整理をしたいのだけれど、忙しくて自分ではできないとおっしゃいます。

主婦としての家事に加えて、家業のお手伝い、地元の町内会役員や趣味の会の幹事なども引き受けているため、たしかにお忙しそうです。しかし、仕事も町内会の会合も毎日あるわけではなさそうでした。

こういう場合は、まず、ご自分が日々、どんなことに、どのくらいの時間を使っているかを明確にすることをおすすめします。最低でも１週間、できれば１ヵ月間、朝から晩までの行動を時間ごとに記録してみるのです。そうすれば、自分が一日24時間をどんなふうに使っていたかがわかります。

忙しければ忙しいほど、日常生活を続けながら生前整理の時間を見つけるためには、ほんとうにやらなければならないコトと、できればやりたいコト、ほんとうはやらなくてもいいコトなどを分けて考える必要があります。ご自分が日々、あたりまえのようにおこなっているコトに優先順位をつけてみるのです。

ただし、漠然と思い返してみても、自分自身の日常生活がどんな「コト」にあふれているのかは、案外わかりません。一日24時間の行動を記録するのは、自分自身にも見えない、そうした日常生活の「コト」たちを、はっきりと見えるようにするためです。

Bさんには2週間ほどの行動を記録していただきました。すると、家事や仕事などでほんとうに忙しい時間もありますが、テレビのワイドショーを見たり、ネットショッピングをしたり、お友だちとのランチが長引いたりする日があることがわかったのです。

忙しさの元凶《げんきょう》だった「コト」たちも、その正体が見えてくれれば、さして重要ではないコトや緊急性が低いコトが含まれていると気づきます。わかってしまえば、手放すのも簡単でしょう。

重要なコトも、不要なコトも、とにかく一度、すべてが見えるようにしたうえで、ほんと

１週間の活動ランキング（例）

活動	優先順位	内容の詳細	活動時間	時間順位	メモ
お楽しみ	5	ランチ（2回/W）（週） テレビ	10h（時間）	3	・無意識にテレビを見てしまった ・ランチ時間が長い
家事・雑用	2	・机の引き出し2杯を片づける（1h） ・トイレ掃除 ・掃除全般、食事づくり etc	ⓐ3h×7日 21h	1	掃除の時間を節約したい トイレ やらなくてもOK
仕事	3	・パート（6h/日×3日）	18h	2	終わってからのおしゃべりが長い
趣味・健康	1	・絵の会（4h/W） ・ジムに通う（2h×W）	6h	4	これは大切な時間
ボランティア（PTA）	4	・名簿、規約作成 3h ・会議 2h	5h	5	なるべく人に頼んでかかえこまない（1h短く）

① いまの自分の現状を見る（何にどのくらいの時間を使っているか）
② 何をしたいのかのランキングをして自由に順位をつける（～ねばならないはNG。～したいという考え方で）

うに必要かどうかを考え、気づき、分類し、不要なものから消していく。言ってみれば「コトの引き算」です。この作業をおこなうと、不思議と生前整理こそが最重要課題であることに気づいていただけることが多いようです。

そういう私自身も、「忙しい、忙しい」と奮闘する毎日。なかなか特別な時間をつくることができないため、つねに「やることリスト」というメモをつくり、さまざまなコトたちを箇条書《かじょうが》きにして優先順位をつけて、デスクに貼りつけています。

「いまやらなくていいコト」を引き算していくと、精神的にも時間的にもゆとりが生まれます。脳内の整理ができるのです。脳内の整理ができれば、仕事も家事もスムーズに進みます。

住まいのスペース活用も脳の活用と同じ原理で働きます。コトの引き算で脳内を整理するのは、住まいを上手に生前整理するための格好のトレーニングとなるでしょう。

持っているモノの20パーセントしか使っていない？

「コト」と同様、あなたの家の中にあるモノたちも、すべてが必需品で、あなたを幸せにしてくれるわけではありません。

あるとき、埼玉県にお住まいのCさんから整理作業のご依頼をいただきました。自宅をリフォームすることになり、事前準備として不要なモノを処分したい気持ちになったようでした。

私たちはまず、押し入れや納戸《なんど》にしまってあった大量のモノたちをすべて出して、見えるように床に並べました。第３章でご紹介する「見える化」の作業です。「見える化」は、生前整理においてきわめて重要な第一歩となります。

「あらまあ、こんなモノまで後生大事に、よくしまっておいたものね」

Cさんはとても驚かれました。

かつては重要だったのであろう書類や、完全に時代遅れとなってしまったスーツなど、いまでは絶対に使わないモノや、とっくに忘れていたモノたちがどっさり出てきたためです。当然ながら、自宅をリフォームした後の新生活に役立つはずはない……。そういうことも手に取るようにわかっていただけました。

Cさん宅のスペースを占めているモノたちのほとんどは、過去の負の遺産だったのです。完全に使用期限が過ぎていました。

私たちは日常、頭で考えるほどたくさんのモノを使いまわせてはいません。**日常的に使っているモノは、所有しているモノ全体のたった20パーセントに過ぎない**というデータもあります。あれもこれも、いつか必要かもしれないと思って手放さないでいるわけですが、現実にはほとんどが「使わないモノ」なのです。

たとえば、Cさん宅のクローゼットからは、よく似た黒いスラックスだけで20本も出てきました。ほんとうに、すべて着こなせる自信がおありなら結構ですが、現実には無理ですね。タコでもない限り、脚は2本しかありません。

「ほんとうにおはきになるのですか？」とお聞きしたら、やはり「いらないわね」の返事。「捨てます」と、その場で決断されました。

みなさん、食品であれば「賞味期限」や「消費期限」を気にされ、期限を過ぎていれば比較的、簡単にポイポイ捨ててしまいます。ところが、スーツや着物ではそうはいきません。ましてや、記念品や書類や写真類の場合はさらにむずかしいでしょう。

それでも、お別れしなければならないときはやってきます。

不要なモノは成仏させる

「生前整理」とは、自分が過去にお世話になったモノたちに感謝し、お別れをする作業でもあります。「これまでありがとう、さようなら」という気持ちで、ゴミ袋に入れるのです。そうすれば、モノたちも成仏《じょうぶつ》してくれます。

仕事を終えた古いモノたちを成仏させることで、あなたの住まいには新しい「気」、つまりプラスのエネルギーが入り、あなたは快適で前向きな暮らしを手に入れることができるのです。何かを手放さなければ、新しい何かは入ってきません。

あらゆるモノがエネルギーを発することは、素粒子《そりゅうし》物理学の研究でも証明されています。私には、無造作に放置された不要なモノたちがマイナスのエネルギーを発するように思えてなりません。マイナスのエネルギーが蔓延《まんえん》した室内では、運気が上がらないどころか、病気になることもあるのです。

不要なモノたちを成仏させて部屋を浄化《じょうか》することは、自分の「身の丈《たけ》を知る」ことにもつながります。ほんとうに大切なモノや、これから必要なモノだけを厳選し、意識し、きちんと見てあげながら、大切に使ってあげればいいのです。それらのモノこそが、現在の、そして今後の、あなた自身の「身の丈」に他ならないからです。

「モノ」の中には、意識して所有しているモノと、無意識に所有しているモノがあります。押し入れや納戸の奥で日の目を見ることもなく眠っているモノたちは、無意識に所有しているモノたちです。

私の生前整理のやり方は、その「無意識に所有しているモノたち」、つまり「現在は使っていないモノたち」をすべて引っぱりだし、並べて、自分の目で見て、何かを感じていただくことから始まります。

無意識の所有から意識的な所有に変わることで、眠っていたモノが息を吹き返すことがあります。所有していた人の意識も変わります。不要なモノたちを手放すことで、日々の生活が大きく変わり、体調不良や病気が逃げていったという方は大勢いるのです。

無駄な出費も防ぐ

不要なモノが発するマイナスのエネルギーを排除し、すっきり健康的な暮らしを実現するためには、引き算だけでなく、**不要な「足し算」をしない工夫**も必要です。いくら不要なモノを引き算しても、一方でどんどん足し算するようでは意味がありません。

モノにあふれたゴタゴタの住まいは、排泄《はいせつ》が上手にできない便秘状態と同じです。新しいモノを買い、増やしていけば、住まいはどんどん狭くなります。環境が悪化するのも当たり前。住まいの片づけ原理は、「余分なモノ（コト）を出さないと、新しいモノ（コト）が入らない」という身体のメカニズムと同じなのです。

●新しいモノを買ったときは、代わりにそれまで持っていたモノを一つ、お役御免《ごめん》にして手放す

これは、すっきり暮らすための大原則です。

したがって、何か買い物をするときは、それがほんとうに必要なのかを考えるだけでなく、それを入れたり置いたりするスペースはあるか、もしスペースがないなら代わりに手放せるものがあるかどうかを、よくよく考えてから購入する習慣をつけることが大事です。

●一つ増やすときは、一つ減らす

この原則を守りつづければ、家の中にモノが増えつづけることは絶対にありません。ゴミ屋敷化を未然に防ぐことができます。無駄な出費を防ぐこともできます。清潔で快適なだけでなく、お財布にもやさしい生活が始まります。

身の丈に合ったシンプルな暮らしを手に入れる

人生には、いろいろな決断を迫られるシーンがいくつもあります。私たちは、何らかの決断をしながら日々を過ごしているのです。

モノを手放すことも、決断の一つです。ちょっとした決断ですむこともありますし、大きな決断を迫られ、つらい思いをすることもあります。しかし生前整理は、つらいだけのお別れではありません。それまで生きてきた人生の棚卸《たなおろし》をしつつ、未来の自分をイメージする楽しい作業ともなるはずです。

杉並区にお住まいの70代のDさんは、洋裁が趣味で、素敵な生地をたくさん買い集めていらっしゃいました。でも、私と一緒に整理作業をしているうちに「これからはもう針を持たない生活になるのね」と気づき、勇気を出してすべて手放されました。

さらに、階段や段差を上がるのがつらくなってきたことから、「ずっと続けてきたボランティア活動も、今後はできなくなるかもしれない」とか「たいそうな料理はつくらなくなるから、大きな鍋《なべ》もいらない」など、いろいろな気づきがありました。

そして最終的には、自信を持って「私はこれがあれば大丈夫」と言えるものだけを選ぶという、かっこいい決断ができました。

「これだけあれば大丈夫」と確信して、いらないモノを整理する。もしかしたら、その決断は「根拠のない大丈夫」かもしれませんが、それでも確信することが重要です。

年配の方が長い年月をかけて積みあげてきた歴史に別れを告げるのは、けっして過去を捨てる行為ではありません。むしろ、これからの自分自身を大切に生きることにつながると、私は思っています。

年齢を重ねれば、モノの管理も負担になります。不要なモノまで含めてたくさんのモノたちを管理することが、これからの自分にとってどれだけ負担となるかを考えれば、そろそろ減らしていかなければいけないことがわかります。

モノの引き算は、日常の暮らしの「引き算」でもあるのです。そして、その引き算こそが、「足るを知る」「身の丈を知る」につながり、シンプルで快適な暮らしのスタートとなります。

Dさんには、地域の活動などを通して頼まれた仕事を断りきれず、あれこれ引き受けてしまうようなところがありました。そうした仕事に忙殺《ぼうさつ》されて家の中の整理ができず、出したモノを元の場所に戻すことさえできない日もあったといいます。しかし、これからの自分にとって何がいちばん大切で、どんな暮らし方がもっとも快適なのかを考え直したとき、身の丈に合ったシンプルな暮らしのイメージが見えてきました。

ご年配の方にも、体力の衰《おとろ》えを嘆くのではなく、明日からの新しい生活をイメージして、身の丈に合った暮らし方を前向きに受け入れていただきたいと思います。そういう意識こそが、生前整理では必要不可欠であり、あなたの生前整理の土台となります。

これからの「なりたい自分」が見えてくる

生前整理の作業を具体的に進めていくと、やがて「自分の価値」が明確になってきます。「要・不要」の判断を、モノという基準に当てはめるのではなく、「いま、これからの私」という基準に当てはめて考えられるようになるからです。

「私」に基準を置いたうえで、あらためて「所有」と判断したモノたちをながめてみると、自分がこれからやりたいこと、行ってみたいところなどがいろいろと見えてきます。

たとえば、めったに使わない大きなスーツケースを残そうと決めた理由は何でしょう。それが高価だからではなく、思い出の品だからでもなく、あなた自身が旅行をしたいからではないですか？　それも1泊2日の温泉旅行などではなく、世界一周旅行をしたいとか、死ぬまでに絶対に見ておきたい世界遺産があるとか、ちょっと大きな夢があるからではないのですか？

たとえ、その旅行計画の実現の可能性が低くてもかまいません。やはり、スーツケースはとっておきましょう。あなた自身のこれからの暮らし方の基準に関係してくるからです。

そんなふうにしてやりたいことがいろいろと見えてきたら、紙に箇条書きしてみます。実際に書いて並べてみると、頭の中の整理ができて、ますます夢が広がるのではないでしょうか。

次に、書きだしたコトを、「趣味」「おつきあい」といったカテゴリー別に分類し、優先順位をつけていきます。もちろん人によって優先順位は異なりますが、たとえばこんな順番になるとしましょう。

1　趣味（ガーデニング、書道など）
2　ボランティア（町内会の活動、子ども会のお世話など）
3　おつきあい（冠婚葬祭など）
4　旅行

5　仕事
6　介護
7　健康
8　終活

次に、それぞれのカテゴリーに関係するモノたちを具体的に書きだします。

1　趣味――ガーデニングの道具類、書道具など
2　ボランティア――町内会の名簿、活動記録など
3　おつきあい――礼服、礼装用のバッグ、祝儀袋、冠婚葬祭の記録など
4　旅行――旅行用品、ガイドブック、地図など
5　仕事――各種データ、関連文書など
6　介護――病院案内、デイサービスの契約書など
7　健康――人間ドックの記録、おくすり手帳、診察券など
8　終活――思い出写真、遺《のこ》したいモノ、エンディングノートなど

さあ、やりたいコトと、そのために必要なモノたちの分類ができました。生前整理の準備は完了です。「暮らし方の価値」が明確になり、これから生きていくための「自分軸」がつくれたからです。

第3章

戸田メソッドで生前整理収納が楽になる

どうしていいかわからない

第1章と第2章では、生前整理に着手する準備段階として、自分の未来をイメージして目標をたてることが重要だとお話ししてきました。

この章では、生前整理が実際にどのような段取りでおこなわれるのか、そして整理の現場で人はどのように変わるのかを、東京都内で二人暮らしをされているEさん夫妻の事例をご紹介しながら、具体的に説明しましょう。ご自身のケースと考えあわせながら読んでください。

さて、はじめて夫妻のお宅にうかがったときのこと——。その家の散らかりようは、もう10年くらい掃除ができていないのではないかと思えるくらいのレベルでした。

呼び鈴を鳴らすと、奥さんが玄関ドアを少し開け、隙間《すきま》から顔をのぞかせながら、恥《は》ずかしそうにおっしゃいました。

「ひどい部屋ですが、上がってもらえますか?」

私は「もちろんです。まったく気にしないでくださいね」と笑顔で答えます。

事前に電話で打ちあわせをしたときにも、「そのままの状態でいいですよ」とお話ししてあったのですが、やはり掃除のプロに見せるのは恥ずかしいと考え、私の到着前に少しでも片づけておこうと頑張られたようでした。

しかし、玄関から廊下を通ってお部屋に入るなり、目に飛びこんできたのは、床を覆《おお》うスーパーのポリ袋や紙袋。そして、引っ越し直後のように積みあげられた段ボール箱の数々。キッチンカウンターや本棚には雑多なモノが詰めこまれ、本人にもどこに何が入っているのかわからない状態です。

ダイニングテーブルも例外ではありません。食事をするときは、まずテーブルの上に積みあげられたモノたちを床におろしてから、やっと配膳《はいぜん》できるのだそうです。これでは、探し物もたいへんでしょう。

「もう、どうしていいかわからず、途方に暮れていたのです」

たしかに、そんな状態では、何をするにも作業の一つひとつが苦しいはず。毎日がストレスの連続で、疲れ果てていらっしゃるに違いありません。

最初にやること

整理の依頼を受けたお宅をはじめて訪問する目的は、片づけや不要品の処分ではありません。家族の日々の暮らしぶりや現状の悩み、今後の夢や目標などを聞きとることです。私はこの作業を「初回カウンセリング」と呼んでいます。

Eさん宅をはじめて訪問した際も、まずは奥さんからいろいろな思いや悩みをお聞きしました。

「片づけられない」というのは、本人にとってとても大きな悩みです。初回カウンセリングでは、他人にはなかなか打ち明けられない悩みを傾聴《けいちょう》し、共感することで、少しずつ心を解きほぐしていきます。

第1章でもお話ししたように、片づけサービスを依頼される方のほとんどは、自分自身に「片づけられない人」というレッテルを貼ってしまっています。「本来なら当然、自分でやるべき主婦の仕事ができないから、わざわざプロを雇っている」という罪悪感《ざいあくかん》を抱き、いつも他人と自分を比較しては自分自身を否定しているのです。

片づけや掃除ができない一方では、「あれもしなければならない、これもやらなければならない」という思いがあふれ、必要以上の仕事を引き受けて、ご自分に課しているようなところもあります。

多くの「……ねばならないコト」を背負いこみ、不自由で窮屈《きゅうくつ》な「……ねばならない人」になってしまっているのです。

まずは、そうした意識をリセットしなければなりません。片づけは「……せねばならないコト」ではありません。自分らしい快適な暮らしを始めるための、前向きな第一歩と考えていただきたいのです。

　そのため、私の初回カウンセリングでは、片づけとは関係のないことまでいろいろお聞きします。２時間以上かけてお話を聞くことも珍しくはありません。Ｅさんの場合もそうでした。

　奥さんは、自宅がなぜそんな状態になってしまったのかについて、ぽつりぽつりと話しはじめました。

「そもそものきっかけは、若い頃の引っ越しでした」

　段ボール箱に詰めて運んだ大量のモノを新居でどう片づけていいのかわからず、積みあげたまま置きっぱなしにしてしまったというのです。数年後、さすがにそのままではいけないと考え、収納スペースをリフォームして解決しようとしたのですが、結局、元の木阿弥《もくあみ》。段ボールの山は消えるどころか、増える一方でした。

「何年も何年も、片づけなければいけない、いけない、と思いつづけて……。片づけ本を何冊も買って、読みました。でも、どうしても片づきません」

　片づけ本を読めばわかった気になるのに、いざ始めると思うように片づかない。それどころか、よけいに散らかったり、かえって収納具などのモノが増えたりして、すっかりやる気が失《う》せてしまったようです。じつはこれ、「片づけ下手」にはよくあるパターンなのですが、詳しい説明は後にして、Ｅさんの話を続けましょう。

「子どもに負の遺産を残したくない」と生前整理宣言

Ｅさん宅の場合、モノが増えた原因は他にもありました。

子どもたちが独立してからというもの、Ｅさんは「母親の役目は終わった」と感じ、さびしい思いにさいなまれるようになりました。そしていつしか、ぽっかり空いた心の隙間を埋めるように、たくさんの買い物をするようになっていたのです。

人は、心に隙間があると、その隙間を解消する簡単な方法として、よけいなモノまで買ってしまうことがあります。「買い物依存症」と呼ばれる症状です。

加えて、仕事やボランティア活動などで、Ｅさんが毎日、たいへん忙しいことがわかりました。頭の中が日々の予定でいっぱいになっているのです。目の前にあるキッチンカウンターや本棚と同じです。

Ｅさんに限った話ではありません。くり返しますが、通常、片づけが苦手《にがて》といわれる方の多くは、自身の頭の中にも多くの情報を詰めこんだまま、整理できていません。**頭の中も、心の中も、住まいと同じ状態になっているのです。**

そして、自分自身を「整理できない人」と思いこみ、劣等感にさいなまれ、押しつぶされ、ますます片づけと向きあうことができず、現実から逃避してしまいます。

Eさんも、あれもこれも「やらなければならない」状態なのに、探し物にばかり時間をとられ、何一つ進めることのできない自分に嫌気《いやけ》がさしてしまったようでした。「いつかは片づけなければ」と悩みながらも、片づけられない自分と向きあいたくないので、人生の長く重い課題を何年も持ち越し、大きなストレスを背負いながら生きてきたのです。

しかし、2時間ほどたった頃でしょうか、Eさんははっきりと宣言されました。

「これまではダメだったけれど、いま、この機会に覚悟を決めて、生前整理に着手します」

Eさんの「いつか片づけなければ」という悩みが、「足腰が立つうちに自分で片づけたい」という意欲に変わったのは、息子さんに「負の遺産」を残したくないという強い思いの故でした。

自分たち夫婦が旅立った後、多すぎる親の遺品を整理しなければならない息子さんの苦労を、少しでも軽減したいと考えたのでしょう。事実、ゴミ屋敷など負の遺産を相続した子どもたちが、精神的にも経済的にも大きな負担を強《し》いられるのは、よくあることです。

「私がいなくなった後、大切なモノたちを息子夫婦にすべて処分されてしまうのも悔《くや》しいし、悲しいわ」

そんなことにならないように、自分のモノは、元気なうちに自分でちゃんと整理しておきたい――。Eさん宅の片づけは、Eさんのこんな強い思いから始まりました。

そしてEさんは、ご主人と息子さんを前に、はっきりと宣言したのです。

「生前整理を始めます。今度こそ、最後までやり遂げてみせるわ！」

お見事でした。家族や親しい人たちの前で「生前整理宣言」をおこなうのは、とても効果的です。自分自身の覚悟が決まりますから、これまでとは違う気持ちで整理に取り組むことができるでしょう。

「戸田メソッド」5STEP整理法とは

私がおすすめする生前整理「戸田メソッド」の手順は、STEP1からSTEP5まで、大きく5段階の作業から成ります。

それでは、Eさん宅の整理を例にとりながら、各段階の作業を詳しく見ていきましょう。

STEP1――カウンセリングで自分を見つめる

最初の作業はカウンセリングです。

生前整理の目的は、もっと楽に暮らしたい、人生を謳歌《おうか》したい、健康になりたいといった、その方なりの希望の実現です。モノを整理したり、手放したり、処分したりするのは、すべ

戸田メソッドによる５STEP整理法

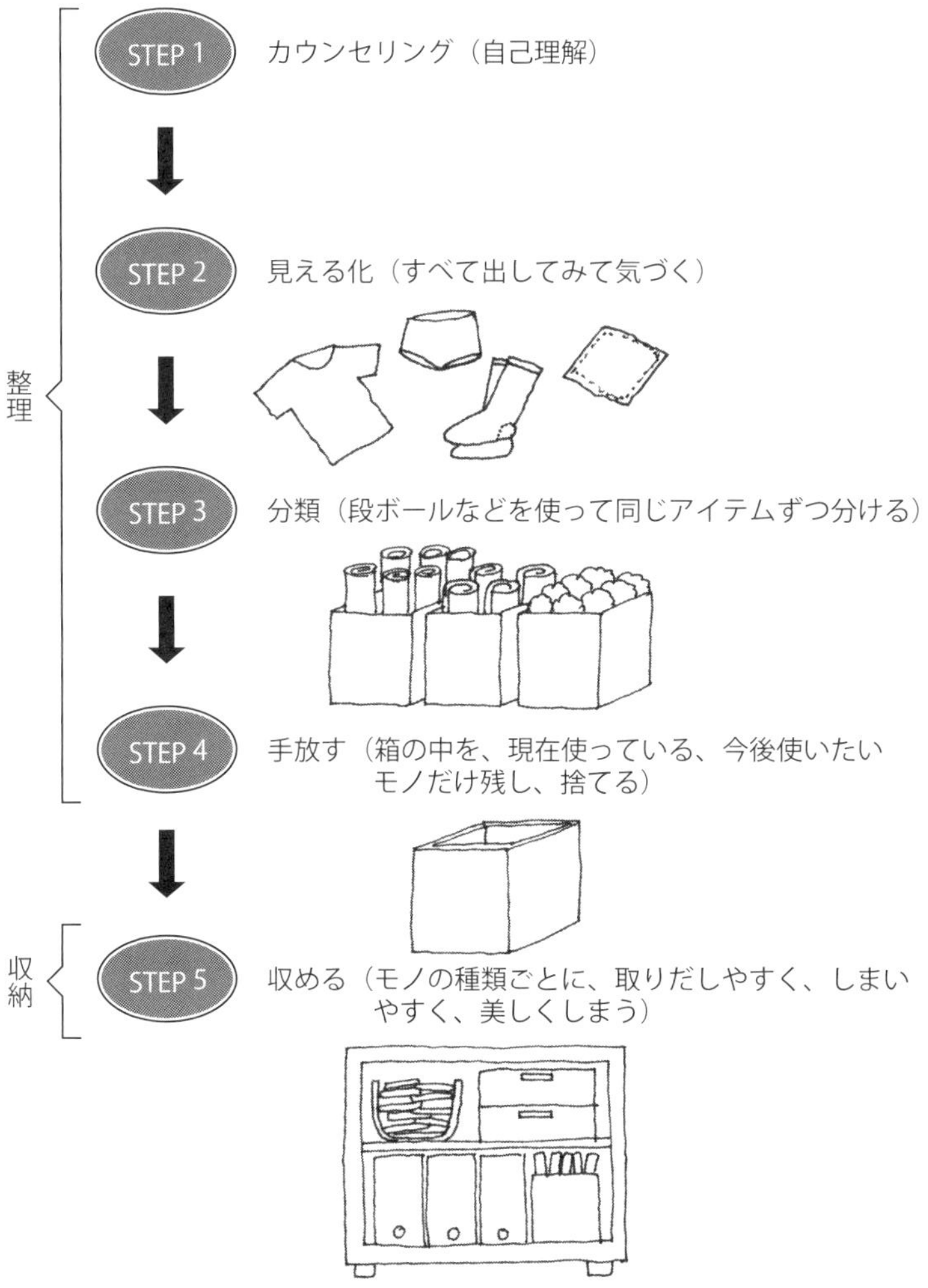

て夢や希望をかなえる手段です。

したがって、生前整理の最初のＳＴＥＰとして、自分がほんとうにやりたいコトは何なのか、これからの人生をどう生きたいかを考えます。「……しなければならない」というマスト（must）の思考を、「……したい」というウォント（want）の思考に変えていくためです。

ところで、私たちは一日にいったいどれくらいのコトを成し遂げられるのでしょうか。「カウンセリングシート」といっても、特別な質問用紙があるわけではありません。自分自身をじっくり見つめ、理解し、承認するために必要な、その方なりの問いかけと答えの記録です。具体的にどんな質問を自分に投げかけるかは人によって違いますし、かならずしも整理に関係する内容でなくてもかまいません。カウンセリングの流れによっては、私から質問することもあります。

一般的に、中心となる項目は大きく３つのグループに分けられます。

①自分はどんな人間で、どんな人生を歩んでいるのか？

第一のグループは、現在の自分自身の「見える化」をおこなうための質問です。

たとえば、「私の長所」や「私の好きなこと」を自分に問いかけてみます。自分の長所について考えることは、自分自身のよいところに気づく「自己承認」につながります。自分の好きなことについて考えることは、それまで気づかなかった自分自身の意外な能力を発見することにつながります。

「**１週間のよかったこと**」などを考えてみるのもいいでしょう。小さな喜びやうれしかった出会い、感謝したいことなどを探してみれば、自分の人生がこれまで思っていたより幸せだったことに気づくかもしれません。

いずれも、「自分はダメな人間」と思いがちな「片づけ下手」の方々が自分自身を肯定的に見直すきっかけとなります。

「**私の夢・したいこと**」を自問するのは、自分自身の将来の予測に通じます。あなたは、ほんとうはどんなことをしてみたいのですか？　逆に言えば、何もしないで死んでいくとしたら、どんなことを後悔するでしょうか？

これらの問いかけに答えることは、自分にとっての「いい人生」とはどんな人生なのかをじっくり考えることでもあります。

②これから先、どのくらいの仕事ができるか？

第二グループは、収入を得るための仕事だけでなく、家事や介護、おつきあい、趣味、ボランティア活動なども含めた「仕事」の量全体について確認するための質問です。

まずは、朝起きてから夜寝るまでの時間が実際にどう配分されているかを思い返し、具体的な時間数を書きだしてみます。すると、みなさん、人間一人に与えられた時間の許容量がいかに少ないかに気づきます。

「あれも、これも」と考えるのがいかに欲張りであり、無理難題であるか、そして、日々の焦《あせ》りや劣等感にさいなまれる原因となっていることがよくわかるのです。

Eさんのカウンセリングを進めながら、私はEさんが自分自身をどう評価されているかを知りたいと思っていました。Eさんは、情けなさそうにこんなことをおっしゃいました。

「戸田さんは、整理のお仕事をしながら、主婦として家事もこなしていらっしゃるんですよね。それに比べて私は、外で仕事をしていないのに、四六時中、忙しいのです」

専業主婦であることに劣等感を抱き、そのためのマイナス思考から脱することが困難のようでした。しかし、家事や育児に専念する生活は、けっして卑下《ひげ》すべきものではありません。

私は、専業主婦のたいへんさに共感しつつ、今後の時間配分について、具体的な目標設定や自分のための時間のつくり方を提案しました。ポイントは2つ。第一は「やるべきコト」のリストをつくり、優先順位をつけること。第二は、「やらなくてもいいコト」を見つけることです。

③捨てても困らない「コト」は何か？

私がＥさんにおすすめした「やらなくてもいいコト」の発見。じつは、これこそが生前整理のカギといえるでしょう。

第三グループは、「コト」の整理を始めるための問いかけです。

いま現在のあなたは「やらなければならない多くのコト」に囲まれ、多忙な毎日を送っていらっしゃるかもしれません。しかし、これから先の「ほんとうに歩みたい人生」と、これから先の自分に「どのくらいの仕事ができるか」を考えたとき、実際にはやらなくても困らないことがあるのではないでしょうか。

たとえば、日々、体力の限界をつきつけられ、負担感いっぱいの「犬の散歩」。犬を飼っている以上は、たしかに毎日、散歩させる必要はあります。ただし、それはあなたでなければできない仕事でしょうか。もしかしたら、あなた自身が「自分でなければできない」と思いこんでいるだけで、ほんとうはご主人やお子さんに任せることもできるのではないでしょうか？

友だちとのランチ会やお茶会などでも、惰性《だせい》で続けているだけのおつきあいがあるかもしれません。友人関係が壊れることを恐れて、断りたいのに断れないでいるということはありませんか。趣味の集まりや習いごとは、どうでしょう。ほんとうに好きで続けているものばかりですか？

Eさんの場合は、長い間、地域のボランティア活動を続けていらっしゃいました。無償《むしょう》で社会のために働いたり、困っている人を助けたりするのは、たしかに尊い仕事です。しかし、年齢を重ねたいまでは過大な負担となっているようでした。そろそろ見直す時期かもしれません。

回答済みのカウンセリングシートを拝見したところ、Eさん宅では毎日の家事にも気になる点が多々ありました。

料理上手なEさんは、結婚当初から、時間をかけて家庭料理を手づくりするのが自分の仕事だと思い、けっして手を抜かなかったそうです。子どもたちがまだ小さく、Eさん自身も若くて元気だった頃はそれでよかったでしょう。でも、子どもたちがすでに独立し、ご主人と二人だけの暮らしとなったいま、毎日、凝《こ》った手料理をふるまう必要があるのでしょうか。「今日は疲れているから残り物ですませましょう」とか、「たまには外で食べましょう」ということは許されないのでしょうか。

そもそも、妻はいつまでも家事のすべてを一人で背負わなければいけないのでしょうか。ご主人も会社を定年退職して、毎日家にいるのに、「この人は私がいなければ何もできない」などと思いこんで、何から何まで世話を焼きつつ、たいへんなストレスを感じていたり、していないでしょうか。

ほんとうはご主人だって、やろうと思えば掃除も洗濯もできるのに……。

一方では、成人して就職した後も、未婚のうちは実家に同居しつづける子どもが多いようです。勤め先が近いから、給料が安いからなど、それぞれに理由はあるでしょう。かならずしも批判すべきではありませんが、何から何まで親が世話する必要もないでしょう。いい年をした大人なのですから、自分の面倒は自分でみられます。

Ｅさんにも、そんなふうに自分自身に問いかけながら、これまで自分がすべきだと思っていたコトの中に、手放せるコトがあるのではないか、あるとしたら具体的にどんな「コト」から手放していくべきかを考えていただきました。

自分自身で考えた末に決めた「コト」たちを、実際に手放しても大丈夫だと確信できたとき、ほんとうの自分らしさが戻ってくるのだと思います。それが、「自分軸」を立てる素材となります。

Ｅさんの場合は、最終的に「食事をかならず手づくりする」仕事を手放そうと決めました。ボランティアなどで疲れた日の夕食は、スーパーのお惣菜ですませることを自分自身に許すことにしたのです。ご主人にも、とくに不満はありませんでした。

傍《はた》から見れば、ごく自然な変化かもしれません。しかし、Ｅさん夫妻にとってはとても大きな変革となりました。「家族には心のこもった手料理を食べさせなければならない」という固定観念から解き放たれることで、Eさんが抱えこんでいた心理的な負担は一気に解消し、日々の暮らし方に対する考え方ががらっと変わったのです。

STEP2 「見える化」で問題点に気づく

STEP1で「承認」と「気づき」のカウンセリングが終わったら、具体的に生前整理の計画を立てはじめます。

「整理」というと、「捨てなければならない」という思いにとらわれるかもしれません。しかし、まずは現在のあなたが、何を、どのくらい持っているかを確認しましょう。

第2章でもふれましたが、とりあえず、自分が所有しているモノたちを全部出して、見える状態にするのです。現状を確認し、問題点に気づいていただくためです。整理整頓において「見える化」と呼ばれる過程です。

「片づけなければ、整理しなければ」と考える方は大勢いらっしゃいます。でも、考えるだけではダメなのです。Eさんにもそう説明して、論理ではなく体験することの重要性について理解していただきました。

食器棚を例にとって説明しましょう。

Ｅさん宅のキッチンの食器棚

整理前

整理後

Ｅさんのキッチンの食器棚は、ぱっと見ただけでも食器類を取りだしにくく、しまいにくそうでした。実際のところ、棚の中のどこに、どんな食器があるかは、Ｅさん自身にもわからなくなっていたのではないでしょうか。

そこで、食器棚の中身をすべて出し、リビングルームの床に広げて「見える化」をおこなうことにしました。

「こんなにたくさん入っていたんですね！」と驚かれたのは、Ｅさん自身です。次々に並べられる食器群に、嫌気さえさしてきたようでした。なにしろ、それらの中には、とうに使わなくなった古いお皿や、とっくに捨てたつもりだった欠け茶碗まであったのですから。

箱に入ったままの高価な食器類も出てきました。Ｅさんは素敵な切子《きりこ》のワイングラスを出してうっとりとながめた後、「これは大切なお友だちからいただいたものなのよ」と説明して、また箱にしまおうとします。

高齢の方は、大切にしたい気持ちがあると、どうしても「もったいない精神」が顔をのぞかせ、箱にしまいこみたくなるようです。しかし、箱から出すこともなくしまいこんでいるのが大切にすることでしょうか。せっかくいただいた素敵なワイングラスを一度も使わないなんて、そのほうがよほどもったいないと思います。

「大事に使ってあげてこそ、大切なモノに対しても、いただいた方に対しても、良好な関係を築くことができるのではないでしょうか」

こんなふうにお話ししたところ、Eさんは目から鱗《うろこ》が落ちたような顔で「なるほど！」と言って、もう一度、箱から出しました。

九州を旅したときに購入したという唐津焼《からつやき》のお皿もありました。Eさんはひとしきり旅行の思い出話を語り、いとおしそうにお皿をながめました。そして今度は、「旅行から帰ってしまいこんだまま、なんとなく使わないで取っておいたのね」と自ら気づいたようでした。

「取っておき」という言葉もあるように、大切なものはしまいこみたくなるものです。もったいないから、使わずにしまっておいて、いつまでもきれいなままの状態で保ちたいのです。

でも、**使わないモノに貴重な収納スペースを占領させるようでは**、もっともったいない。

片づけ上手になって身軽に暮らしたいと思うなら、この原則を忘れないでください。

「食器は食器棚に」は一般的な常識ですが、食器の類《たぐい》であっても実用品ではなく、実際には「思い出の品」ということがあります。そういう食器を「いつか使おう」と思って食器棚にしまいこんでも、おそらく使う日はやってきません。普段使いの食器がしだいに前面に出て、思い出の品はどんどん奥へ追いやられ、いつしかあったことさえ忘れられてしまうでしょう。それこそ、もったいない話です。

食器棚は思い出をしまいこむスペースではありません。それが大切な思い出の品であるならなおのこと、食器棚ではなくリビングの飾り棚など、日々ながめられる場所に飾るほうがいいのではないでしょうか。そう提案すると、Ｅさんも「そんな方法もあったのですね」と納得されました。

このように「見える化」の作業を通して、自分が現在、所有しているモノをすべて並べてみると、いろいろな気づきが促されていきます。そして、私のほうからいちいち「これは必要ですか？」などとお聞きしなくても、ご自身で「もう手放しましょう」と決断できる場面が多くなります。

Ｅさんのケースでも、この方法を続けるうちに、自然とご自分の人生の見直しまで進み、だんだんと自分軸が立ってきたように思えました。

これが、モノを介しての「人生の棚卸《たなおろし》」です。何かと忙しい日々、私たちはみな、いちいち過去をふり返ることなく、前を向いて進んでいきますが、生前整理や引っ越し、リフォームなど、片づけ作業がともなうイベントでは、自分でも気づかないまま、こっそりと人生の棚卸をすることになるのです。

STEP3　要・不要は「自分軸」で分類する

「見える化」の次は分類です。それらを「要・不要」、つまり「持ちつづけるか、処分するか」を一つずつ決めていきます。

とかく整理は捨てる作業と思われがちです。「捨てなければならないモノがたくさんあるだろう」と思えば、気持ちが重くなるかもしれません。この段階ではまだ捨てることは考えず、見て、分けることに専念してください。

大きい家にお住まいで、納戸《なんど》や大型の物置などをお持ちの場合は、とりあえず「分けるだけ」という整理の方法もありますから、できるだけ楽な気持ちで始めましょう。

「見える化」の作業は、目の前に並んだ多くのモノをながめながら「これらをすべて使いこなすことができるか」を考えるきっかけとなります。しかし、誰だって人間ですから、「これは使う！」「これはいらない！」と、スイカを割るようにスパッと判断することはできません。

①モノではなく、自分と家族に焦点を当てる

Ｅさん宅のキッチンでは、使い切れない数の食器類だけではなく、食べ切れない量の食品類もあふれていました。

私たちはまず、賞味期限が切れた食品類をどんどん処分することにしました。「賞味期限は消費期限とは違う。賞味期限が切れたからといって食べられないわけではないのだから、捨てるのはもったいない」という指摘があります。ごもっともですが、Ｅさん宅のキッチンはそんなことを言っていられない状況でした。

このような場合、なぜそれほどまでにモノや食品が増えてしまったのかをお聞きすると、多くの方が「まだ使える、まだ食べられるのだから、捨てるのはもったいない」とおっしゃいます。Ｅさんもそうでした。自分や家族ではなく、モノたちに焦点を当てて考えているのです。

そのパターンで考えてしまうと、壊れてもいないモノや腐《くさ》ってもいない食品類は、すべて所有しつづけなければならなくなります。そこが問題です。

自分が望むように暮らしたいと思うなら、モノに焦点を当てて決断するのではなく、自分

自身と家族の気持ちや都合に焦点を当てて判断することがとても重要です。「自分は今後、**これを使いたいか、使いたくないか？」「食べたいか、もう食べたくないか？」**というように考えていくのです。

Eさんの場合も、「もったいない」という理由をつきつめて考えてみたところ、多くの食品類については「食べる気もないのに、なんとなく捨てられなかっただけね」という結論に達し、思い切って処分することができました。

②「要・不要」を決められないときは熟成させる

食器類を処分するのは、もう少したいへんでした。長年、所有していたモノを整理し、手放すのは、ほんとうにエネルギーのいる仕事です。

モノの「要・不要」を分類するには、一般に「**過去2年以内に使用したか**」を基準にすればいいと思います。「2年以内に使ったモノは、今後も使う可能性があるから、処分しないほうがいい。2年以上、使わないモノは、おそらく今後も使う可能性がないから、処分してかまわない」という考えです。

ただし、あまり厳格に考えると、心の面でつらくなることがあります。頭では「何年も使っていないのだから、今後も絶対に使わないだろう」と考えても、心には未練が残るのです。

未決箱

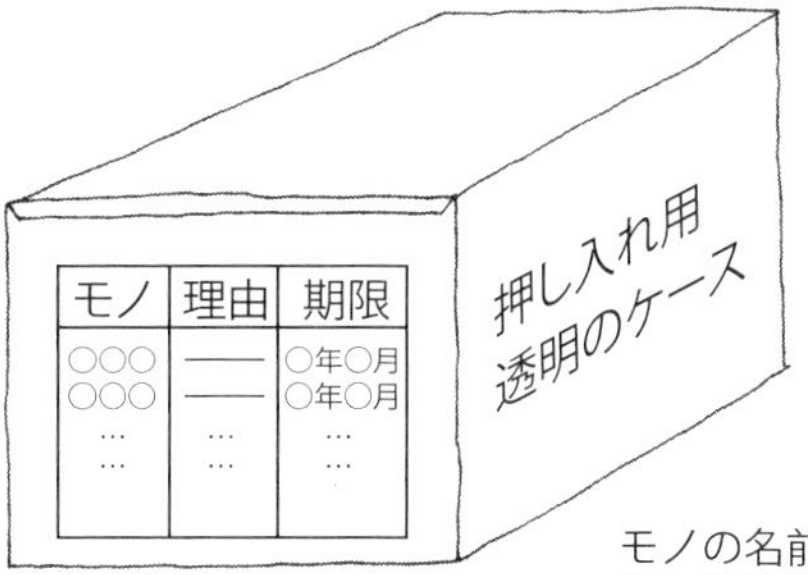

出し入れしやすいよう
引き出しにすること

モノの名前と熟成理由、熟成期間を
書いて貼る（期限までに決断する）

１年を目安に決断
中のものはリストにして目立つところに貼る
（冷蔵庫のドアやデスクの横など）

長い間、所有してきたモノ、ずっと捨てられなかったモノの場合、いよいよ手放すという決断を下すにもそれなりの時間が必要かもしれません。

「要・不要」をすぐに決めるのがむずかしいときは、ずるいようですが、間をとって「不明」と判断してみてはいかがでしょう。

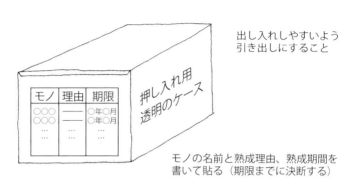

雑多なモノを仕分け作業するときだけ、一時的に私たちは大きな段ボール箱などの空き箱を使います。そして、引きつづき所有したいモノを入れる箱には「要」、処分すべきモノを入れる箱には「不要」といったシールを貼って、判断のついたモノをどんどん入れていきます。

そこにもう一つ、決められないモノ箱を用意します。そして、判断のつきかねるモノはとりあえずその箱に入れて、決断がつくまで「熟成させる」のです。

私は、その箱を「未決箱」と呼ぶことにしました。つらい決断を猶予《ゆうよ》してくれる、たいへん便利な箱です。ただし、下手をすると、あれもこれも未決箱入りとなり、未決箱ばかりが積みあがることになります。これでは、未整理の段ボール箱が積みあがっているのと同じです。永遠に熟成させるのでは意味がありません。

③熟成期間が過ぎたら決断する

そこで、未決箱の使用にあたっては、次のような基準とルールを設《もう》けることにしました。

まず、未決箱に入れるモノのリストをつくり、各々について「熟成させる理由」と「熟成期間」を決めます。

熟成させる理由としては、Eさんの唐津焼のように「旅の思い出の品だから」もあるでしょうし、「いま使っている大皿に飽きたら使いたくなるかもしれないから」とか「大勢のお客さまをお迎えする日がくるかもしれないから」なども考えられます。

熟成期間は半年から1年が目安ですが、年末の大掃除や防災の日など区切りのいい時期に開けてみると決めてもいいでしょう。

熟成理由と熟成期間が決まったら、モノの名前とともに紙に書き、未決箱に貼ります。たとえば、こんな感じです。

「唐津焼の大皿　大勢の来客があるかもしれないから　２０○○年○月まで」

さらに、いま現在、未決箱の中で熟成中のモノはリストにして、冷蔵庫のドアなど目立つところに提示します。

熟成期間は自分自身で決めたルールであり、約束です。その期限が来たら、今度こそ「要・不要」の判断を下さなければなりません。未決箱使用には絶対に必要な覚悟です。

多くの場合、一定期間、熟成させたことで気持ちの整理がつき、使わないモノにはきっぱりと「不要」の判断を下せるようになります。Ｅさんも、格別に思い入れの深い焼き物など数点以外は、思い切りよく処分することを決断されました。

STEP４　不要と判断したものを処分する

「不要」「廃棄《はいき》処分」と判断したモノはどこへ持っていけばいいのでしょう。

まだ使えるのにもらってくれる人がいないと、またまた「もったいない」という思いが頭をもたげ、食器棚に戻そうとされる方がいます。

でも、ここで思い出して、もう一度、肝《きも》に銘《めい》じてください。そんなふうにして不要なモノに収納スペースを占領させることこそが「もったいない」のです。「すっきり暮らしたい」

と思って整理を始めた気持ちを忘れてはいけません。整理や片づけには、明確な決断と、多少の勇気と、毅然《きぜん》とした態度が必要です。

残念ながら食器類の場合、うまい引き取り手がいなければ「燃えないゴミ」として処分することが多いようです。ただし、箱に入っているブランド品や未使用のきれいな品なら、リサイクルショップやバザー、不要品買い取り業者に売ることができますし、福祉施設などに寄付することもできます。

大型の家具や家電製品などが何点かあり、他にもたくさんの廃棄処分品があるときは、買い取り業者に買い取ってもらう方法もあります。買い取ってもらえるモノの買い取り価格と、廃棄処分しなければならないモノの運送費などを相殺《そうさい》して少しでも負担が少なくなるように、無料で見積もりしてもらうといいでしょう。

いったん処分と決めた以上は、置き場所を少しでも空けるため、すぐにも手放してしまいたい気持ちになるかもしれません。しかし、片づけているうちに追加が出たら二度手間です。家中の不要品や処分する家具などが出そろうまで、小さな食器類などは段ボール箱に入れて、一ヵ所に積みあげておきましょう。買い取りの場合も、最後にまとめて査定してもらうのが得策です。

処分の基本となる方法についてはコラムにまとめましたが、くれぐれも気をつけたいのは、自分が「いらない」と判断したモノは、おそらくほとんどの人にとっても「いらない」モノということです。

たとえ親しい知人であっても、一方的に「差しあげる」のはよくありません。「差しあげるわ」と言われると、日本人はなかなか「ＮＯ」と言えないもの。極端な場合、「押しつける」ことになってしまいます。

新品やブランド品も、デザインなどによっては買い取ってもらえないことがあります。今回、Ｅさん宅で処分と決めた古い食器類の多くも、結局は最後の手段である「燃えないゴミ」として捨てることとなってしまいました。

●コラム　処分の基本となる７つの方法

①バザー、ガレージセールなど――近所のバザーや友人・知人宅のガレージセールに出品する

②自治体のリサイクル――シルバー人材センターのリサイクルなど、自治体によって引き取るところもある

③リサイクルショップ――箱に入った新品、ブランド品などを持参する。ただし、最近は新品であっても、デザインなどの関係で買い取ってもらえないこともある

④専門の買い取り業者——電話などで依頼すれば、無料で見積もり可能。まとめて買い取り、トラックで持ち帰ってくれる。買い取ったモノは東南アジアなど海外で売ることが多い

⑤寄付——高齢者施設やグループホーム、学童保育などの福祉施設に寄付する

⑥家の前に出す——大きなカゴなどに入れ、「ご自由にお持ち帰りください」と書いた札を立てて、公道に面した場所に置いておく

⑦家庭ゴミ——他に処分のしようがないモノは、住居区自治体の「粗大ゴミ」か「家庭ゴミ」として出す

STEP5 使いやすく収納する

手放すモノたちとの決別を終えたら、いよいよ最終ステップの「収納」にかかります。

収納に関しては、テレビ番組や雑誌などの出版物でもくり返し取りあげられています。しかし、私が見るところ、その多くは目先のテクニックや収納家具を表面的に紹介するだけ。ほんとうに大切な心得についてきちんと説明するものは少ないようです。

上手に収納するコツはいくつかありますが、**大原則は「同じカテゴリーのモノどうしはまとめて、分散せずに収納する」**こと。さらに戸田メソッドでは、以下の3点を重視していま

す。キッチンの食器棚を例にとって説明しましょう。

①使用頻度によって分ける

日常的に使うモノとたまにしか使わないモノを、ごちゃまぜに収納してはいけません。第１章の「カトラリーの整理」でも説明しましたが、家事ではそれがたいへんなストレスの要因となります。

たまにしか使わない来客用の食器などは、本来、日常使いの食器と別に保管するのが基本です。もちろん、食器棚の収納スペースに余裕があればその限りではありませんが、食器棚のどのあたりに収納すべきかについては工夫する必要があります。

現在、一般家庭用に市販されている食器棚やキッチンボードの高さは、多くの場合、１８０センチから２００センチにも及びます。都市部のマンションなどの狭いキッチンで多量の食器やカトラリー類を効率よく収納するには、どうしてもそのくらいの高さが必要になるのでしょう。

しかし、自分の頭よりも高い棚では、何が入っているかもわかりにくいし、出し入れするのもたいへんです。キッチンをリフォームして吊《つ》り戸棚をつくったけれど、高すぎて出し入れしにくいため、ほとんど使わないという話はよく聞きます。

また、腰より低い棚では、出し入れするのにいちいちしゃがまなければなりません。年齢を重ねて足腰が弱まった身にはつらい作業です。

したがって、いちばん使いやすいのは、おへそから胸あたりの高さということになります。この範囲を「ゴールデンゾーン」と呼びますが、家族が日常的に使う茶碗や皿類、マグカップ、箸《はし》などは、ゴールデンゾーンの範囲内にある棚や引き出しに収めるのが原則です。取りだしやすく、しまいやすいので、日々の家事がとても楽になります。

一方、来客用などのめったに使わない食器は、軽いモノを目線より高い棚に、重いモノは思い切って低い場所に収納します。季節感のある食器類などは、時季に応じて入れ替えてもいいでしょう。

「新婚旅行の際に購入した」とか「ヨーロッパ旅行の記念品」などという、いわゆる「思い出の品」は、たとえ食器であっても食器棚に収納する必要はありません。「思い出のものコーナー」などに収納することも考えましょう。

②縦に整列させる

どんな棚にもある程度の奥行はありますから、ほとんどの場合、お皿やグラスは1列ではなく、2列、3列に並べることとなります。そのとき、いちばん手前の列に背の高いモノを

ゴールデンゾーン

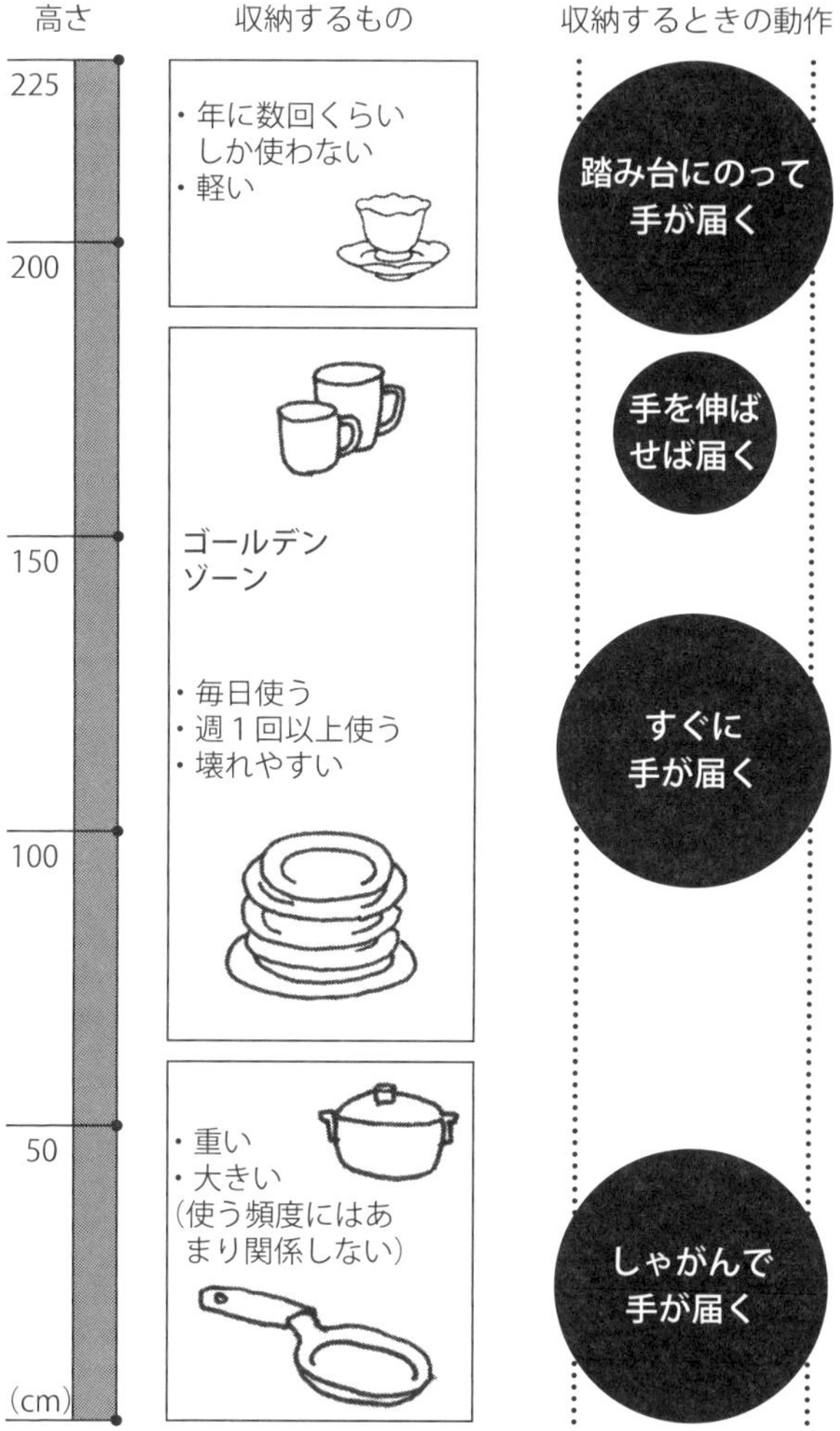

高さ
収納するもの
収納するときの動作
225
200
150
100
50
(cm)
・年に数回くらい
しか使わない
・軽い
ゴールデン
ゾーン
・毎日使う
・週１回以上使う
・壊れやすい
・重い
・大きい
(使う頻度にはあ
まり関係しない)
踏み台にのって
手が届く
手を伸ば
せば届く
すぐに
手が届く
しゃがんで
手が届く

並べてしまうと、奥にあるモノが見えなくなってしまいます。これでは、必要なモノをすぐに見つけることができません。

そこで、奥に背の高いモノ、手前に背の低いモノを縦《たて》に整列させれば、棚の内部全体を一目で把握《はあく》できます。たとえば、来客用の酒類グラス類の棚なら、奥に背の高いワイングラスやビアグラス、その前にブランデーグラス、いちばん手前に背の低いウィスキーグラスといった具合に並べることで、どこにどのグラスがあるかが一目瞭然《いちもくりょうぜん》です。

悪い例としては、棚の空間を上手に使えず、お皿などを置いた上部が無駄に空いているケースです。平たいお皿を置くことで上部が空いてしまうときは、棚板の高さを調節したり、棚板を追加したりして、空間の無駄を省く工夫が必要です。いまは１００円ショップでも、食器棚を便利に使うためのラックなどをいろいろ販売していますから、上手に利用したいものです。

ただし、上部にはかならず、手を入れたときにスムーズに皿類を出し入れできるよう、7センチくらいの空間を空けておくのが理想です。

③定位置・定量管理を厳守する

収納のコツの第三は「定位置管理」です。言い換えれば「モノはすべて収納する場所を決めて、使ったらかならず元の場所に戻す」ということ。簡単な話ですね。

ただし、このルールを守るためには、もう一つ、絶対に守らなければならないルールがあります。「定量管理」つまり「全体量を増やさない」ことです。なぜなら、「ワイングラスは食器棚のこの場所」と決めても、似たようなワイングラスがどんどん増えたら、すぐに収納し切れなくなってしまうでしょう。

遺品整理のお手伝いで年配の方のお宅にうかがうと、食器類の整理だけで5時間も6時間もかかることが珍しくありません。食器が好きな方の多いことにつくづく驚かされます。お友だちとランチを楽しむためにデパートへ行ったときも、夫婦で旅行に行ったときも、好みの陶磁器やグラスが目に入るとつい衝動買いしてしまうのかもしれません。

ほんとうに気に入って買うのなら、それはそれでいいのです。ただし、収納スペースのことを忘れないでください。収納スペースを無視してモノを買いつづけたら、モノたちは際限なく細胞分裂して増えていきます。

何かを買ったりもらったりして一つ増えたら、不要になったモノを一つ手放す——。厳しいようですが、これが鉄則です。このルールさえ守れば、全体量が変わることはないので、収納スペースに困ることもありません。使った後、即、元の位置に戻せます。

定位置・定量管理——つまり、モノの一つひとつに家を与え、使ったらかならずその家に戻してあげること。そして、同じ家に収容すべきモノたちの量を絶対に増やさないこと。この二つを守れば、家の中が散らかることはありません。

Eさん宅のキッチンでも、定位置・定量管理を徹底していただいた結果、必要なときに必要なモノがすぐ取れて、しまうときも瞬時に戻せるようになりました。あちこち探す手間が省けるようになったばかりか、以前は何でもEさん任せだったご主人が、必要なモノは自分で取りだせるようになり、Eさんの負担がとても軽くなったとお喜びでした。

自分にとってほんとうに必要なモノや、自分たちを幸せにしてくれるモノだけに囲まれて暮らす日々は、生き生きとした毎日に変わります。そして、自然にモノを増やさない生活が習慣化してくるので、所有すべきモノはほんの少しでも困らないということがわかってきます。

「モノ」に関する原理を日常生活のなかで体験すると、もうリバウンドはありません。以降は一生、大がかりな片づけをしなくても大丈夫。それが、生前整理によってすばらしい晩年を送ることができるという根拠になるのです。

以上が、私が推奨する生前整理のだいたいの流れと基本原則です。生前整理は、自分自身が整理の必要性をしっかり認識し、現在の暮らし方を変えたい、整理したいと心の底から願う気持ちがなければ成功しません。

キッチン収納のチェックリスト

1 調理器具、ツール

Q	大きめのボウルなどは楽に作業スペースに置けるか
Q	鍋、フライパンなどはコンロの近くにあり、楽にすぐ取りだせるか
Q	お玉、フライ返し、泡立て器などのツールは動かないで取りだせるか

2 食器

Q	新品、来客用、普段使いと区別した場所にあるか
Q	めったに使わない思い出の食器が食器棚に入っていないか
Q	食器棚は、洗った食器をすぐにしまえる場所に設置しているか
Q	食器棚から取りだしやすく、しまいやすくなっているか

3 ごみ箱

Q	中途半端な場所にないか、定位置はあるか
Q	ごみの分別はしやすいか
Q	作業動線上に設置しているか

4 家電品

Q	電子レンジ、ポットなど使用頻度の高いものは、ゴールデンゾーンに位置しているか
Q	コンセントは足りているか

5 食品

Q	いま使用中のモノと、新品で封を切っていないモノを分けて収納しているか
Q	よく使う食材（乾物類・クイック食品類・麺類）は出し入れしやすいか
Q	缶詰類・お茶類・お菓子類などはきちんと分けて収納しているか

6 調味料

Q	粉物群・固形調味料群・液状調味料群などは、きちんと分けて収納しているか 粉物群……小麦粉・パン粉・片栗粉・上新粉・ホットケーキミックスなど 固形調味料群……砂糖・ゴマ・塩・スープの素など 液状調味料群……しょうゆ・サラダ油・酢・ソース・ゴマ油・オリーブオイル・みりん・料理酒など
Q	調理中、瞬時に取りだすことができるか

7 作業台

Q	冷蔵庫から食材を出す一時置き場はあるか
Q	まな板を置いた周辺の空間は十分に空いているか
Q	調理終了後、すべて片づけるとまっさらな状態になっているか

第4章からは、実際に私がお手伝いした事例をご紹介しながら、生前整理の実際と、知っておきたいコツについて説明していきましょう。

第4章

書類から衣類まで「モノ」の整理法

「思い出書類」をどうする？

生前整理の現場でいちばん問題となるアイテムは何だと思われますか？

住宅メーカーや工務店にお勤めの男性方にお聞きすると、多くの方が「衣類でしょう」とか「靴《くつ》やアクセサリーじゃないの？」とおっしゃいます。ところが、実際に整理を依頼されたとき、奥さんに「何にいちばんお困りですか？」と尋《たず》ねると、ほとんどの方が「写真と書類」と答えます。

男性と女性の違いがこんなところにも表れるのでしょうか。男性方は、住まいの中で妻たちが膨大《ぼうだい》な書類の扱いに悪戦苦闘している実態をご存じないようです。

「書類」といえば契約書、仕様書、稟議書《りんぎしょ》、報告書など、会社でやりとりする「ビジネス文書」をイメージされるためでしょうか。

しかし、家庭内にも書類はたくさんあります。多くは、長いこと家庭生活を営《いとな》む間に積み重なってきた「思い出書類」です。ご夫婦が恋人時代に一緒に行ったコンサートのチケットやチラシ、新婚旅行のパンフレットから、子どもたちの成績表、絵、表彰状、手紙類……。

もちろん若い頃から書きつづけてきた日記や手帳なども、捨てられない思い出書類の代表です。現代ではスマホの出現でペーパーレスの若者が多いようですが、生前整理の年代では、やはり紙に残すほうが安心なのです。

これらに加えて、いま現在の生活に関わる請求書や領収書などの書類がたくさんあります。新聞や雑誌の気になる記事を切り抜いてスクラップしている方もいます。さらに、今後、参加する予定のイベントのチラシ、いつか行きたいと思っているレストランの案内、海外旅行のパンフレットまで、家庭内は書類にあふれているといっていいほどなのです。

私が主催するセミナーでも、参加者がいちばん多いのは「家庭のファイリング講座」です。なぜ、みなさんがそれほどまで家庭内の書類の扱いにお困りなのかは、生前整理の現場を訪れてよくわかりました。50代から60代の方が整理に着手されようとするとき、どうしても**立ちはだかる壁が「思い出」**なのですね。

無理もありません。思い出を簡単に捨てることはできないのです。自分自身と家族ががんばって生きてきた「証《あかし》」だからです。

あちこちの引き出しや押し入れの段ボール箱に詰めこんであった書類やノート類まで、すべて出して「見える化」してみると、たいへんな量になります。もちろん個人差がありますが、写真を除いた紙モノだけでも、平均して段ボール箱５～６個。さらに、その中から厳選し、整理すると、家族の１人あたりキャスター付き押し入れ用深型クリアケースにいっぱいといったところでしょうか。

子どもが幼少期に書いた作文や成績表、お絵描きなども加えると膨大な量になります。家の中で「思い出モノ」がどれほどのスペースを占領してきたかがよくわかります。

しかし、どんなになつかしい大切な書類でも、いざ必要になったとき、押し入れの奥に地層のように積み重なった紙の山から探し当てるのは至難の業《わざ》でしょう。未整理状態の書類に囲まれて暮らす生活は、とても苦しいはずです。

思い出モノは、生前整理の代表格といえるほど厄介《やっかい》で面倒なアイテムなのです。この問題をどう解決するのか、実例をご紹介しながら、お話ししていきましょう。

事例1　書類の整理

ご主人の死後、一人暮らしをしていらしたFさんのお宅で、チラシやパンフレット、写真、CD、手紙など思い出モノの整理をお手伝いしたことがあります。介護施設への入居が決まったことが、生前整理を決意されたきっかけでした。

お宅にうかがってみると、びっくりするほどの書類の量。ワンルームの床が見えないほど積みあがっているのです。これを一つひとつひも解いて、すべてに目を通しながら分類していくのかと思うと、気が遠くなりそうでした。

Fさん自身も、あまりの多さに驚いたようでした。それでも、「これらの書類が今後の人生にほんとうに必要なのでしょうか」とお聞きすると、「何かのときに必要になるかもしれないから」とおっしゃいます。「何かのときに……」は、70歳以上の方がよく口にされる言葉です。

モノ不足で苦労した時代を生きてきた経験が、トラウマになっているのかもしれません。数十年も前に旅した観光地の地図やパンフレットも、簡単には捨てられないのです。「いまはネットの時代ですから、いつでも簡単に調べられますよ」と言いたくもなりますが、そんなことは絶対に言えません。その方の全人生を否定することになってしまうかもしれないからです。

たしかに「何かのときに困らないように」という慎重さが正解となることもあるでしょう。しかし多くの場合は、いざというときに必要な情報を取りだそうとしても、書類が多すぎては探しだすこともできず、結局、図書館や電話、ネットなどで調べて、最新の情報を得ることになります。

だったら、過去の情報は全部、廃棄《はいき》しても大丈夫。何も困ることはないのですが、ほんとうの問題はそんなことではありません。高齢の方にとって重要なのは、情報としての価値ではなく、思い出や歴史としての価値です。古い書類は、その方が生きてきた証だからこそ、簡単に「手放す」ことができないのです。

お持ちの書類をすべて「見える化」して、ご本人に「こんなにあってもしょうがない」と気づいていただくしかありません。

Fさんのお宅には、かなり長い間、開いたこともない様子で、埃《ほこり》にまみれた紙袋もありました。しかし、「見ないで捨てられますか？」とお聞きすると、やはり「全部、見てから捨てます」という答えです。

「わかりました」と言ってお手伝いしましたが、なにしろ量が量。書類もパンフレットも、次から次へとお見せして、3～4秒で「要か、不要か」を判断していただきました。まるで、お椀《わん》に次々とそばを放りこむ盛岡名物のわんこそばのようでした。

私は何度もFさんのお宅にうかがい、亡くなったご主人の思い出話などを聞きながら、少しずつ減量作業を進めました。そうするうちに、Fさんが判断に困って迷ったときには、「捨てても困らないと思いますよ」などと助言できるだけの信頼関係が芽生え、どんどん捨てることができるようになりました。

3ヵ月が過ぎようとする頃、ようやく床を覆《おお》っていた紙袋がすべてなくなり、ほぼ7割が廃棄処分となりました。

すると、素敵なことにFさんのお顔も変わりました。とくに、廃棄書類が詰まったゴミ袋を見たときの、Fさんのすっきりした表情が印象的でした。住まいの床が片づいてスペースに余裕ができたから、Ｆさんの気持ちにも余裕が生まれたのでしょう。まさしく「浄化《じょうか》の作用」です。

しかし、Ｆさん宅の場合、「要」と判断したモノだけでも、かなりの量となりました。そこで、それらを効率よく収納するために、私がセミナーでも指導している「ホームファイリング」の技術を応用して、ざっくりとした書類管理を始めていただくことにしました。

誰でもできる簡単なホームファイリング

ホームファイリングは、必要な情報を必要なときにすばやく取りだして、生活に役立てるための書類整理システムです。オフィスで一般的に使われている方法を家庭用にアレンジしました。

まずは「要」と決めた書類を、使用状態に応じて３つに分類します。①は現在、動いている書類（可動書類）。②は休んでいる書類（保管書類）。③は眠っている書類（保存書類）です。わかりやすく、①はいま現在のやるべき仕事、取りかかり中の案件に関わる書類、②はいざ必要になるまでスタンバイしている書類、③は思い出の記録モノなどと考えていいでしょう。

家庭内にあるすべての書類は、発生→伝達→保管→保存という順序で流れていきます。

ここで大切なのは、**情報は捨てられながら流れていく**ということです。①の書類がすべて③まで流れていくわけではありません。

必要な情報が発生しても、手帳やカレンダーに書きこんだら捨てる。必要なイベントが終わったら捨てる。必要な人に伝達したら捨てる。もう不要だと判断したら捨てる……。そうすれば、むやみに増えつづけることはありません。

それができなかった場合は、年末などにすべてを「見える化」して、不要と思われるものをまとめて廃棄します。

Ｆさん宅でも、「要」の書類すべてを「見える化」して①②③に分けました。そして、グループごとのファイリング準備にかかりました。

①動いている書類（可動文書）の管理

現在の生活に必要な文書類、たとえば役所への提出書類や週末の予定のメモ、届いたばかりの手紙、取りかかり中の仕事に関係する書類などは、手の届く場所で管理するのがポイントです。郵便物に目を通すリビングルームの棚やデスクの上などがいいでしょう。

用意するのは、Ａ４サイズの透明なクリアファイルと、ファイルが楽に入る大きさのトレ

動いている書類（可動文書）の管理

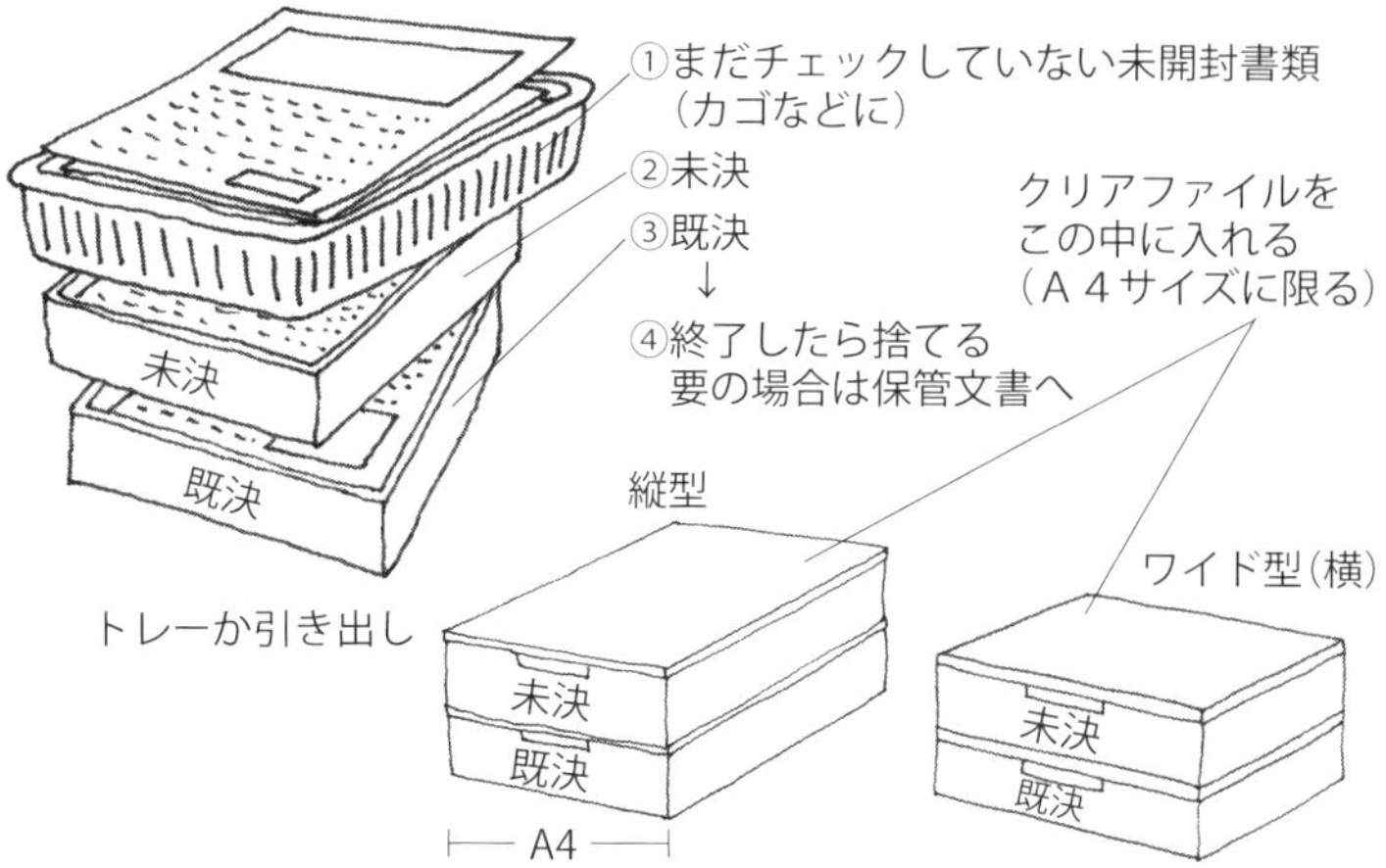

ー、薄い引き出しなど。これが可動文書専用の収納場所となります。

すべての書類は、必要なときに必要な書類をすぐに取りだせるよう1案件ごとにクリアファイルに入れて、「可動文書」のトレーや引き出しに入れます。

「手紙1枚をＡ４のファイルにしまう必要はない」とか「ファイルの数が増えてもったいない」などと考えて、複数の案件をまとめて管理しようとすると、必要なときに探す手間が出てしまいます。**1案件1ファイルが原則です。**

書類を入れたファイルは、すべて専用のトレーや引き出しに入れます。それが、取りかかり案件、つまり「これからやることグループ」をまとめた「未決トレー（引き出し）」となります。

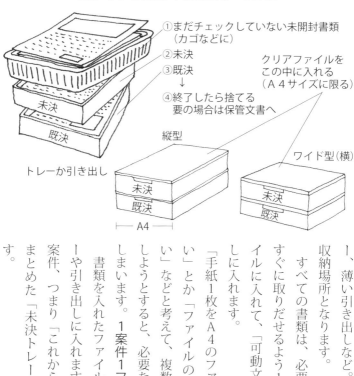

トレーもしくは引き出しの中にどんな書類が入っているか忘れてしまいそうなときは、箇《か》条書《じょうが》きのリスト（やることリスト）にして、目立つ場所に貼っておくといいでしょう。いちいち点検しなくても、中身を確認できるから安心です。

重要なのは、可動文書の既決書類（終了したもの）も、不要になったら処分すること。たとえば、お友だちとのランチ会のメモなどは、手帳やカレンダーに書き写してしまえば、もう必要ありません。楽しみな旅行やイベントの情報も、終わってしまえば必要ありません。ただし、記念品として持っていたいときは、思い出モノの「保存文書」（102ページ参照）として別にファイルしましょう。

②休んでいる書類（保管文書）の管理

動いている書類（可動文書）の用がすんでも、今後ふたたび使う予定がある書類は「保管文書」として扱うことになります。保険関係の書類や家電の取扱説明書など、いつ必要になるかわからない書類もこのグループに含まれます。書類たちが次の出番が来るまで休んで待っているというイメージでしょうか。

具体的に、どんな種類の書類の保管場所があるかは家庭によって違います。まずは「住まい」「健康」といった大きなカテゴリーごとに分けましょう。膨大な紙媒体《かみばいたい》も、カテゴリー

休んでいる書類（保管文書）の管理

●ファイルボックス方式

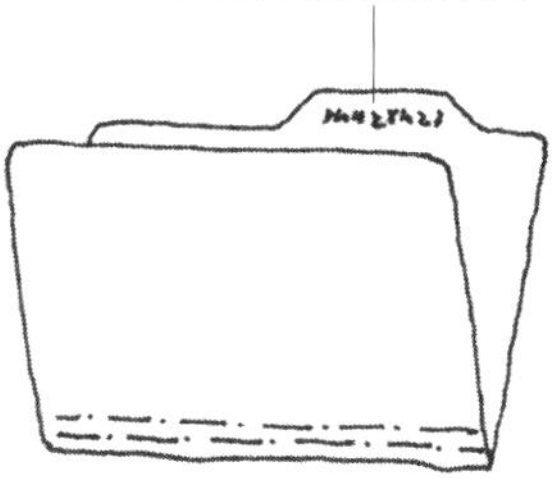

●キャビネット方式

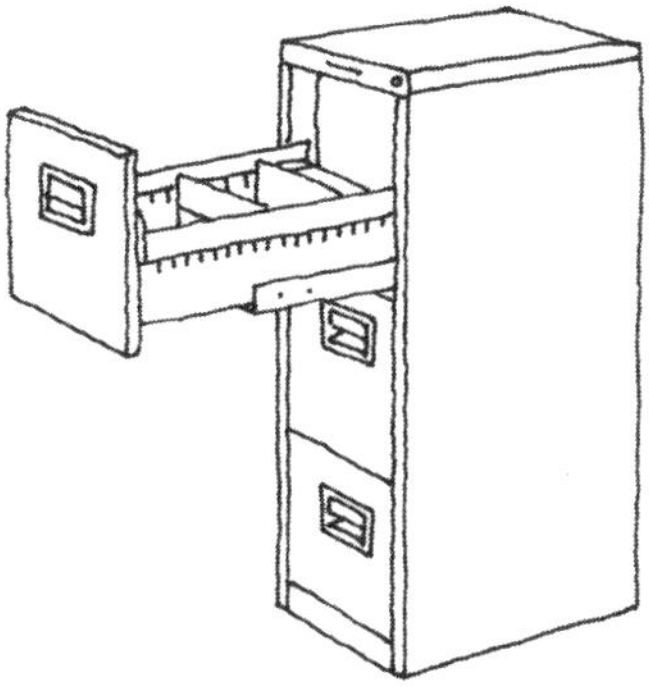

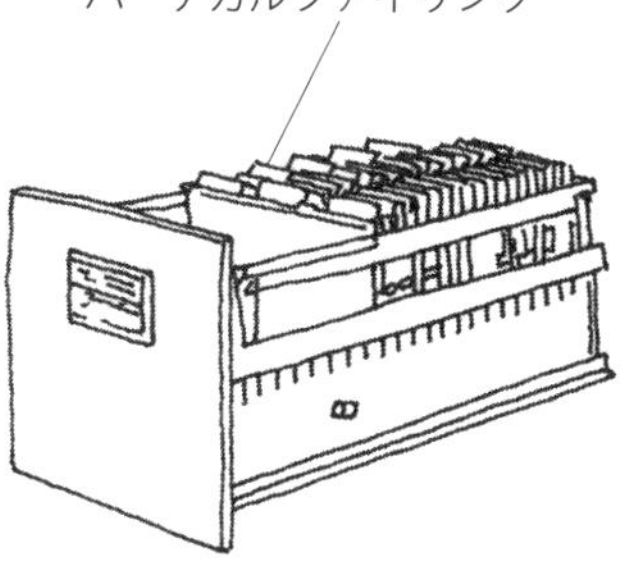

保管文書のカテゴリー一覧（例）

住まい……自宅の権利証など「不動産」関係、「介護施設」の資料・契約書など

健康……「健康診断」のデータ、「病院」一覧、「健康情報」など

金融・財産……「銀行」関係、「株式投資」、「年金」関係、過去の「家計簿」など

保険……「健康保険」「生命保険」「火災保険」「介護保険」の証書など

取扱説明書……「家庭電化製品」「パソコン」などの取扱説明書、保証書など

趣味・ボランティア……「サークル」の名簿、「ジム」契約書、「旅行」の記録など

食……「レストラン」のリスト、「料理」のレシピなど

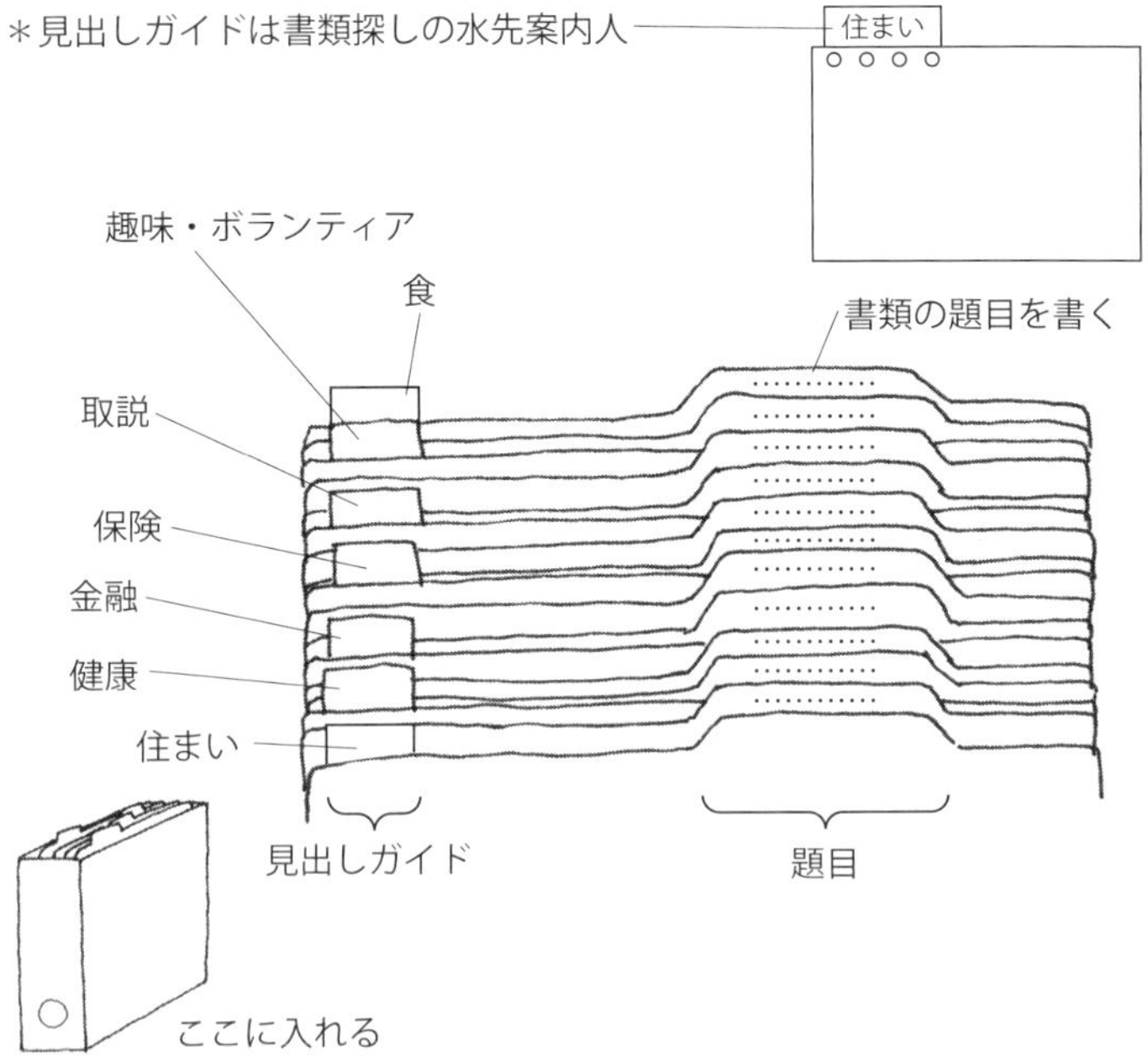

ごとに分類して保管すると、ほしいときにほしい情報を検索しやすくなります。

100ページの一覧は、一般的な家庭にある保管文書を分類してみたものですが、実際の分類項目はもちろんご家庭によりまちまちでかまいません。

分類が終わったら、可動文書と同じく1案件ごとにクリアファイルに差しこみ、それぞれのファイルに案件名をつけたインデックスなどを貼ります。

次に、それらを「住まい」「健康」などのカテゴリーごとにまとめ、カテゴリーのガイドをつけた個別フォルダーに収めます。このガイドは、大見出しとして水先案内人のような役割を果たします。インデックスは具体的な案件を記した小見出しのような役割を果たします。

たとえば、昨年の健康診断書を探す場合は、「健康」といった大見出しを探し、そのカテゴリーのフォルダーの中から題目の「健康診断のデータ」というファイルを探せばいいのです。10秒もかからないでしょう。

最後に、それらのフォルダーをファイルボックスなどにまとめて収納します。収納場所は「書類に目を通すところ」です。また、可動書類の近くの検索しやすい棚がいいでしょう。LDK内のキャビネットや、キッチンカウンターの下部などでもいいかと思います。

書類がとくに多い場合は、リビングのデスク脇や家事スペースにオフィス用のキャビネットを設置し、フォルダーを立てて並べるバーチカルファイリング（99ページ参照）をおこなうと管理がしやすくなります。

重要なのは、**つねにファイルの中身を更新すること**です。一つ使用するたび、あるいは新しい情報を追加するたびに、不要になった書類を捨てながら、ファイルの中身を更新していきましょう。

③眠っている書類（保存文書）の管理

転居や家族構成の変化、ライフスタイルの変化などによって、「休んでいた書類（保管文書）」が、ほとんど使う可能性のない書類に変わることがあります。

そういうときは廃棄するのが原則ですが、どうしても捨てたくない記録や永久保存したい思い出の文書などは「眠っている書類（保存文書）」に移します。

保管文書と保存文書は似ているようですが、「保管」が「一時的に置いておく」といった意味合いであるのに対して、「保存」には長期的に所有するという意味合いがあります。

たとえば企業の文書には、税務関係や会社法など法律にのっとって法定保存年限が定められているため、当面、必要はない書類でも定められた一定期間は保存しなければなりません。

家庭内の文書では、仕事に関係する書類でない限り、保存年限などの定めはありません。ご本人の「とっておきたい」という思いがあるだけです。それだけに、保存文書は際限なく

眠っている書類（保存文書）の管理

ふた付きのクリアボックス

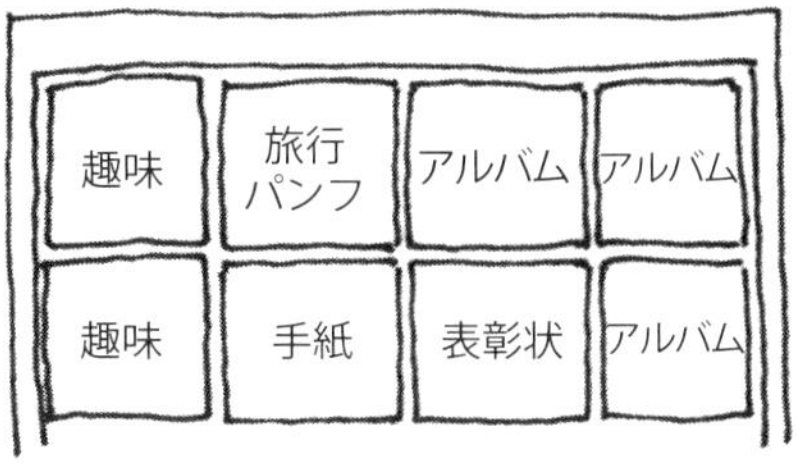

増えていく可能性があります。

だからこそ、気をつけてください。保存文書を増やしすぎてはいけません。書類が増えすぎる大きな原因です。たとえば、保存すべき意味や目的がはっきりしない文書、似たようなモノが他にもたくさんある記録書類、実際にはあってもなくてもあまり影響のない紙媒体などは、思い切って廃棄しましょう。

保存文書は「少なく持つ」ことがポイントなのです。

たとえば、友人からの手紙や年賀状などを大量に保存している方がいらっしゃいます。Ｆさんもそうでした。しかし、手紙の中には儀礼的な内容のモノもあります。年賀状のほとんどは、毎年毎年、同じような文句が印刷されたハガキです。ほんとうにとっておきたい手紙や思い出深い書状がどれほどあるでしょう。

年賀状や季節の挨拶状は、前年、喪中だった方だけは別として、いちばん新しいモノだけ、つまり１年分で十分です。手紙も、とくに重要なことが書かれたモノや思い出深いモノだけを厳選して保存すればいいのではないでしょうか。

たとえ儀礼的な挨拶が印刷されただけの年賀状であっても、「せっかく、送っていただいたものだから大切にしたい」と思うと捨てられないという声もお聞きしています。Fさんにも、そうした思いがおありのようでした。でも、何年分も、何十年分もとっておいたら、それだけでかなりの量になることは想像できますよね。今後、介護施設などの限られたスペースに転居されるとなれば、深刻な問題です。

だったら、いただいた方に「ありがとう」の気持ちをお送りしながら手放すことも大事ではないでしょうか……。Fさんにもそうしたことをお話しして、大部分の廃棄を決断していただきました。そして、昨年の年賀状だけ「年賀ファイル」にさしこみました。

最終的に、Fさんが介護施設に持っていく書類の量はかなり減らすことができました。残ったのは、絶対に処分したくない大切な書類ばかりです。施設の部屋はあまり広くないので、それらを効率よく整理収納するために、はめ込み式の壁面造作棚を設計しました。日常生活に必要な書類だけでなく、思い出の書類も、ほしいときにいつでも簡単に手にとって確認できるようになったのです。

壁面にきっちりはめ込めるようサイズを測って造作した棚なら、クギもネジも使わず床に置くだけでいいのですが、施設によっては拒否されることもあります。事前によく相談しておくといいでしょう。

カラーボックスに要注意

書類の管理にはＡ４サイズの透明なクリアファイルが便利です。そのファイルを収納するフォルダーとしては、量販店や雑貨店、インテリアショップなどで販売しているファイルボックス（ボックスファイルともいう）をおすすめします。クリアファイルなどを縦《たて》に収納するのではなく、横にしてストンと収納できるため、しまいやすく、かつ取りだしやすいので、とても便利です。

ファイルボックス

ただし、欲張って一つのファイルボックスにたくさんのクリアファイルを詰めこみすぎると、管理しにくくなり、取りだすにも支障が生じますから注意しましょう。

書類の保管は「少なめ、少なめ」が原則です。

市販のカラーボックスを購入して書類を収納しようとする方は多いのですが、いくつもの落とし穴があります。ファイルボックスとまぎらわしいのですが、こちらはベニア製の収納家具。安くて便利だと思われがちですが、通常、安価なモノでは棚板を動かせないこともあり、書類管理には適していません。

まず、ほとんどのカラーボックスは奥行が足らず、書類がはみ出してしまいます。A4サイズの書類を横に収納するには、最低でも32センチ、できれば約35センチの奥行が必要です。お持ちの本棚などを転用したいときも、事前に奥行の内寸がA4サイズに合うかどうか、正確に採寸されるほうがいいでしょう。

また、市販されているカラーボックスの多くは安価なため、「とりあえず」とか「一時的に」のつもりで購入される方が多いようです。そこにも大きな危険が潜《ひそ》んでいます。「とりあえず」のつもりが「ずっと」になり、「一時的に」の予定が「何年も」になり、気がつけば同じようなボックスがいくつも床をふさぎ、どこに何が収まっているのかもわからない状態。無計画な収納の極《きわ》みといえます。

これもあり!? 写真整理を楽しむ法

写真の整理方法がわからないとお嘆きの方はたくさんいらっしゃいます。しかし実際には、

「整理方法がわからない」のではなく「まったく整理していない」ケースがほとんどです。整理を依頼されたお宅にうかがうと、平均して引っ越し用段ボール箱３〜５箱に、未整理の写真がバラバラと詰めこまれています。

紙媒体の思い出のモノの整理は「人生の棚卸《たなおろし》」そのものです。一枚一枚じっくり見はじめると、「ああ、この頃の息子はかわいかったな」とか「あの旅行ではいろいろなことがあったわ」「あの方はいま、どうしているのかしら」など、なつかしい記憶がよみがえり、さまざまな思いがあふれてきます。

それはそれなりに楽しいのですが、気がつくとちっとも整理が進まないまま時間だけがたっていて、愕然《がくぜん》とさせられます。「まあ、しょうがないわ」とあきらめて、たくさんの写真を同じ段ボール箱にふたたびしまいこみ、そのままになっていたりしませんか？

だいぶ前のことですが、じつを言えば私の家にも未整理の写真が段ボール箱１個分ありました。２ヵ月後に引っ越しを控えていたので、「いましかない」と決断し、毎日、少しずつ整理を始めました。

写真は捨てられないモノの代表です。しかし、古い写真をながめ直してみると、同じシーンや意味のない撮り方をしている写真、似たような写真がたくさんあることに気づきました。「これなら捨ててもいい」という気になり、どんどん廃棄することができました。

作業をしていると、高校生と大学生の娘たちが帰宅して、「お母さん、何してるの？」と寄ってきました。そして「わ〜、なつかしい」と、一緒に見ながら大笑いです。やがて自分の幼児期の写真を床に並べ、パチパチとスマホで撮影開始。大好きな1枚を選んで待受画面に設定し、幼かった頃の自分アルバムをスマホに保存しました。

なるほど、こういう方法もあったのか！　さっそく私も真似してみました。画質はあまりよくないけれど、これならいつでも簡単に見られます。わが子に教えられるとは、このことでしょう。

スマホ内のアルバム整理も喜んで手伝ってくれました。さらに、自分が小さい頃の写真をながめながら、「お母さん、子育てがんばっていたんだね」という称賛の言葉まで！　一緒に写真を整理することで、成長した娘からこんな大きなプレゼントをもらえるなんて、予想外の喜びでした。

もしかしたら、古い写真というのは、整理した後の成果よりも、整理するプロセス自体が重要なのかもしれません。

事例2　写真の整理

家族が4人という50代の主婦、Gさんから、「写真を整理したいのだけれど、一人でやるとまったく進まないので、手伝ってほしい」という依頼を受けて、お宅にお邪魔しました。もうすぐ引っ越しをするため、「いましかない」というタイミングのようでした。

私は自分の体験などもお話ししながら、Ｇさんと一緒に写真整理を始めました。

写真の類は整理されていなくても日常生活ではあまり困ることがないため、整理ではついつい後まわしになりがちですが、人生の棚卸と考えると、ひじょうに重要なアイテムです。

３・11東日本大震災の際に、福島原発近くで被災した多くの方々が、その後に一時帰宅を許可され、防護服に身を包んでわが家に戻りました。そして2時間だけ滞在し、大切なものを持ち帰ったというニュースが流れたことを覚えていらっしゃいますか。

あのとき、取材記者が「何をお持ちになったのか見せてください」と質問し、手に持ったビニール袋の中身を見せてもらったシーンがありました。

私はその映像を見たとき、愕然としました。ビニール袋の中に入っていたのは、もちろん重要な銀行通帳や保険証……。しかし、大きな写真アルバムを何冊も持ちだしている方も一人や二人ではなかったのです。

写真類は、たしかに整理整頓の厄介者《やっかいもの》です。しかし、いざ災害や悲しい出来事があったときには、傷ついた心を癒《いや》し、勇気を与えてくれる宝物ともなるのです。あまりにつらい思いをして、前を向くどころではないときには、過去をふり返ることで落ち着きを取り戻したい気持ちにかられるのかもしれません。

写真には、そんな力もあるのです。だからこそ、段ボール箱にごちゃまぜに突っこんでおいてはいけません。見たいときに見られるよう整理しておきましょう。

そもそも写真は何のために持っているのでしょうか。答えはもちろん、見て楽しむためです。でも、現実には、段ボール箱に詰めこんだり、押し入れの奥にしまいこんだりして、なかなかながめる機会もないという家庭が多いようです。

Ａ４サイズのアルバム

だったら、**いつでも見られる場所に、見られる状態で、見られる分量だけの写真を収めたベストアルバム**があればいいのではありませんか？

どこにでも売っているコンパクトなＡ４サイズのアルバムでもいいのです。リビングの棚にでもさりげなく並べておけば、親戚が集まって昔話が出たようなとき、「そういえば、これ、見て！」と言って、すぐそばにある棚からアルバムを取りだすことができますから、楽しさも倍増です。

●コラム　写真アルバムの「見せる収納」

私の自宅でも、整理した写真は数冊のアルバムにまとめて「見せる収納」にしています。リビングルームの壁面をおしゃれなタイルでプチリフォームし、そこにアルバムのサイズに合わせた木製の棚を取りつけたのです。

アルバムは5冊ずつ木製の縦型のファイルボックスに入れて、棚に並べました。さらに、間接照明を工夫することで、その棚のある壁面がリビングの見せ場となりました。

木製ファイルボックス

見せる収納

Gさん宅でも、その方針で整理することに決まりました。まずは、ざっくりと時代ごとに分けてベストアルバムをつくり、それを5冊1セットのA4サイズのアルバムに収めます。子どもたちの写真はそれぞれ1冊ずつのアルバムにまとめて、名前をつけ、将来、結婚するときに持たせられるよう準備しました。

長年の懸案だった写真整理も終えて、Gさん一家は無事に引っ越していかれました。今回の写真整理を通して、Gさんは、それまで不要な写真をいかにたくさん抱えこんでいたかに気づかれただけでなく、ご自身の人生に起こった多くの出来事が走馬《そうま》灯《とう》のようによみがえり、まさしく人生の棚卸ができたと喜んでくださいました。

写真を整理するのは、過去を捨てる行為ではありません。きらっと輝く「あの時代の思い」を、いつでも取りだせるように準備する作業なのです。

事例3 本やCDの整理

古いレコードやCD、書籍類も、写真同様、生前整理では手のかかるアイテムです。

あるとき、東京郊外のマンションで夫婦二人暮らしのHさんから「本の整理を手伝ってほしい」という依頼を受けました。ご主人の趣味が読書で「読み終わった本も絶対に捨てようとしないため、本棚は何台もあるのに、それでもあふれ出て困っている」というのです。

まずは状況を確認するため、お宅にお邪魔しました。Hさんの言うとおり、リビングや和室に書棚が何台もありました。もちろん、どの書棚もぎっしりで、さまざまな本が縦にも横にも詰めこまれています。さらに、書棚に入りきれない本が、テーブルや床の上にまで積みあげられていました。

どうやら「読み終わった本」どころか、「まだ読んでいない本」や「読むつもりのない本」までいっしょくたに積みあげられている様子です。

ご主人が、いかにも面目ないといった顔でHさんの後ろに立っていらっしゃるので、直接、お聞きしてみました。Hさんがいくら「整理したい」と思っても、肝腎《かんじん》のご主人が反対されているようでは、絶対にうまくいきません。

「これらの本の整理を始めてもいいのですか？　ご協力いただけますか？」

ご主人はしっかりとうなずきました。

Hさんがおっしゃるには、これまでは何があっても本の処分だけは許さなかったのに、今回、離れて暮らす娘さんの出産を機に、突然、気が変わったようです。

合点《がてん》がいきました。私が過去に片づけをお手伝いしたケースでも、長年、蒐集《しゅうしゅう》してきた大切な書籍、レコード、ＣＤなどを一気に大整理された事例がいくつかありました。きっかけは、家の新築・改築だったり、引っ越しだったり、娘さんの結婚だったり……。

直接のきっかけはいろいろでも、ご本人が「生活を変えたい」と強く思ったであろうことは疑いなさそうです。Hさんのご主人の場合は、直接、もうすぐ生まれるお孫さんが遊びに来られる家にしたいとおっしゃいました。

一度そうした気持ちになれば、後は案外、簡単です。それこそ「憑《つ》き物が落ちたように」ゴールがはっきりすると潔《いさぎよ》く整理を進められることが多いのです。

ご主人は、すでに読んだ本の大半と、未読であっても読む気のない本を「不要」と判断し、古書店にまとめて引き取ってもらうことにしました。「要」の本はほとんどが大型の書棚1台に収まり、「これから読みたい」という本は寝室のベッドサイドにある小さな書棚に並びました。

書籍やCDなど、趣味・嗜《し》好性《こうせい》の強いモノたちは、いくら周囲の人間が「もう、いらないでしょう」とか「聴《き》かないじゃない」と言っても、ご本人の同意がなければ整理は不可能。でも、ご本人があるきっかけでその気になってくれさえすれば、案外、簡単に話が進むので、あきらめないでください。

事例4――衣類の整理

家の中に衣類があふれて収拾がつかなくなったお宅から、整理を依頼されることがあります。

東京郊外、八王子市にお住まいのＩさんは、ともに60代で、たいへん仲のいいご夫婦です。ただ一点、喧嘩《けんか》の種となるのは、Ｉさんが所有している大量の衣類。ご主人には、Ｉさんの衣類がそこら中に散らばっていることが気になってしかたないようでした。

一方、「主人だって自分のモノは元に戻さないのだから、人のことをとやかく言う筋合いではない」というのがＩさんの言い分です。どこにでもありそうな、夫婦の口喧嘩ですね。じつを言えばＩさん自身も、年齢を重ねるにしたがって「こんなにたくさん服を持っていても、全部は着られない」と思いはじめていたのです。私に「整理を手伝ってほしい」と依頼されたのも、そのためでした。

お宅にお邪魔して初回カウンセリングをおこない、今後の暮らし方などについてお二人の希望をお聞きした結果、生前整理の目標が次のように決まりました。

「いろいろな服を着てオシャレを楽しむため、衣類を取りだしやすい収納計画を考える。そのためにも、着ない服は手放して、住まいをすっきりした状態に変える」

いつものように、まずは「見える化」をおこないます。簞笥《たんす》やクローゼット内の衣類だけではありません。ショッピングバッグに入れっぱなしで、おそらく袖を通したこともないような新品の衣類まで……。全部出して、ベッドの上に並べてみると、まあ、あるわ、あるわ。

ご主人がお怒りになるのも無理はないかなと思えるほどたくさんの衣類がありました。おそらく、全部で400着は下らなかったでしょう。

カウンセリングの結果、Iさんには昔からデパートやブティックで衝動買いする傾向があったことがわかりました。加えて、最近はテレビ通販やネットショッピングでもあれこれ買い物をしていらしたようです。数年どころか数十年にわたり、Iさんの衣類は増える一方だったのです。

Iさんにも、ようやく「手放す」ことの重要性をわかっていただけたようでした。自分から「似たデザインの服は1~2着あれば十分。着る可能性のない服は持っている必要がないわね」と言って、晴れ晴れとしたお顔で古着の買い取り業者に送る決意をされました。

衣類の生前整理は管理のための労力を軽減するだけでなく、女性の気持ちを明るく、前向きにしてくれますから、精神的な効果がたいへん大きいといえます。もちろん、ご主人に怒られることもなくなるでしょう。

衣類整理の最大の敵は二度買い、三度買い

Iさんのケースに限らず、この種のトラブルの原因は多くの場合、ブティックの店員さんにすすめられて断り切れなかったり、衝動買いする傾向が強かったりというケースが多いよ

うです。

ある方は、お友だちに誘われて高級ブティックの会員になり、「会員さま向けの特別割引」などの誘いを受けるたびに数点ずつ買い求めていたところ、ほとんど着ることもない衣類でクローゼットがいっぱいになってしまったとお嘆きでした。

本来なら、出かける前にクローゼットの中身を点検して、いまどんな衣類が必要かとか、どんなデザインの衣類がたくさんあるのかを確認すればいいのです。ところが、そういう段取りはいっさいスルー。店員さんに「よくお似合いですよ」「お得ですよ」と言われると、思わず衝動買いしてしまうといいます。女性はどうしてもその手の営業トークに弱いようですね。

結果、ベッドの上に並べてみたら、ほぼ同じデザインの黒いカーディガンが4着、黒いスラックスが5着、白いブラウスは8着……。ご自分でも「なんで同じようなものばかり、こんなに買ってしまったのかしら」と驚かれるばかりでした。

クローゼットにしまいこんでいるとなかなか気づかないものですが、じつはこれ、よくあるケースです。みなさん、お気に入りの色やデザインは決まっているため、ほしくなる服はいつも同じ。似たような衣類を二度買い、三度買いしてしまいます。

二度買い、三度買いを犯しやすい時期として危険なのは、季節の変わり目です。たとえば、夏の暑い時期が終わり、「そろそろ秋モノを出さなくちゃ」と思いながら、衣替えのタイミングが遅くなったときなど、街を歩いていて素敵な秋の装いの服を衝動買い。2〜3日後に衣替えの最中、同じ服を見つけて「しまった！」ということになるのです。

季節の変わり目に衣類を購入するときは、面倒でも、買い物をする前にこれから出す衣類を点検・確認することをおすすめします。また、夏の終わりに少し涼しくなった頃に着られるよう、あらかじめ薄手のカーディガンなども「夏物」に含めて出しておくのもいい手でしょう。

クローゼット内の定量管理

Iさん宅の衣類整理では、手持ちの衣類をすべて出して「見える化」する過程で、収納方法の問題点もあきらかになりました。

ウォークインクローゼット内には大容量のハンガーラックと箪笥があったのですが、実際にはハンガーも箪笥も関係なく、オンシーズンの衣服とオフシーズンの衣服がごっちゃに収納されていたのです。

これでは、衣替えも季節の変わり目ごとのチェックもできません。あちこちの収納にさまざまな衣類がぎゅうぎゅうに押しこまれているのですから、その時々に必要な衣類を取りだすのがむずかしいどころか、どこに、どんな衣類が収納されているのかもわからない状況でした。

ご参考までに、Iさんが衣類の「要・不要」を判断した基準をご紹介しましょう。

①お気に入りのモノは先に取りだす
②2年間、着なかったモノは処分
③心に「ピッ！」と来ないモノは処分

この問題を解消するため、「要・不要」の分別をした後、さらに「要」と決めた衣類のすべてをシーズンごとに分けました。そして、オフシーズンの衣類はまとめてクリアケースに入れ、押し入れに収納していただきました。

クリアケースの正面には、「〇夫　冬物（セーター・ズボン・小物）」「△子　夏物（ブラウス・シャツ）」というように、わかりやすい名前のラベルを貼りました。これなら、どこに何が入っているか一目瞭然です。

これで、簞笥やクローゼットに入れるべきモノは、いま使っているオンシーズンの衣類だけになりました。今度はそれらを、「**吊《つ》るす**」「**かける**」「**たたむ**」などの収納方法に合わせ

縦収納のすすめ

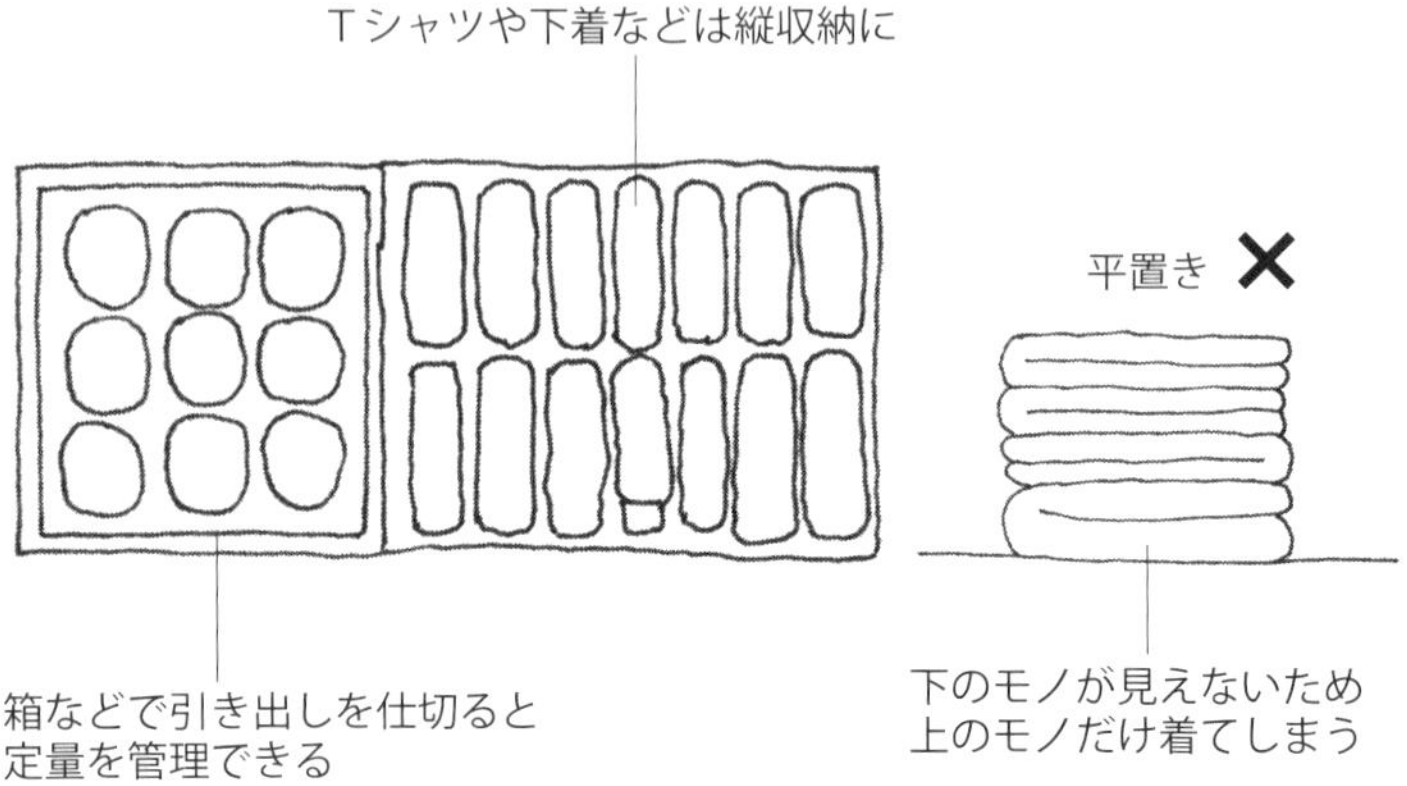
Ｔシャツや下着などは縦収納に
平置き ✕
箱などで引き出しを仕切ると
定量を管理できる
下のモノが見えないため
上のモノだけ着てしまう

て分類します。

たたんでもよいＴシャツや下着などは、箪笥の引き出しの中に、さらに小分け用の箱などを入れて「縦収納」します。細長くまるめて、縦に並べるのです（139ページ参照）。

引き出し収納では、平置きにして積み重ねると、下の衣類が取りだしにくくなります。結局、上にある服しか着なくなったという体験は、多くの方がお持ちでしょう。その点、縦に整列させれば、引き出しを開いたときに一目で全部が見えるので、必要な服が取りだしやすくなります。

また、「下着」「靴下」といった種類ごとに箱に入れて、箱ごと引き出しにしまえば、おのずと収納量を限定できます。箱のサイズを超えて収納することはできませんから、はみ出したら

郵 便 は が き

切手をお貼りください。

102-0071

東京都千代田区富士見一―二―十一
KAWADAフラッツ一階

さくら舎 行

住　所	〒　　　都道府県			
フリガナ		年齢	歳	
氏　名				
		性別	男　　女	
TEL	(　　　)			
E-Mail				

さくら舎ウェブサイト　www.sakurasha.com

愛読者カード

ご購読ありがとうございました。今後の参考とさせていただきますので、ご協力をお願いいたします。また、新刊案内等をお送りさせていただくことがあります。

【1】本のタイトルをお書きください。

【2】この本を何でお知りになりましたか。

1.書店で実物を見て　2.新聞広告(　新聞)
3.書評で(　)　4.図書館・図書室で　5.人にすすめられて
6.インターネット　7.その他(　)

【3】お買い求めになった理由をお聞かせください。

1.タイトルにひかれて　2.テーマやジャンルに興味があるので
3.著者が好きだから　4.カバーデザインがよかったから
5.その他(　)

【4】お買い求めの店名を教えてください。

【5】本書についてのご意見、ご感想をお聞かせください。

●ご記入のご感想を、広告等、本のPRに使わせていただいてもよろしいですか。
□に✓をご記入ください。　□ 実名で可　□ 匿名で可　□ 不可

古いモノを捨てるしかありません。

同じようなモノばかり買いこんで増えてしまう失敗も減り、つねに一定量を保つようになります。収納や整理にとってとても重要な「定量管理」です。

せっかく大整理をおこなって衣類の収納もすっきりしたのに、あっという間にリバウンドしてしまう方がいるのは、定位置・定量管理を怠《おこた》った結果です。

リバウンドを防ぐためには、モノの一つひとつに定位置を与え、そこに収まる量しか持たないという自己ルールを決める必要があります。このルールを守れば、家中にモノがあふれる恐れはありません。

一方、ジャケット類やワンピース、スカートなどはハンガーにかけてラックに吊るします。

Iさん宅の場合、それまではオフシーズンの衣類も一緒にしてぎゅうぎゅうに吊るしていたため、他の衣類を思いっきりかき分けなければハンガーを外すこともできない状態でした。しかし今回は、オンシーズンの衣類だけです。ハンガーどうしの間に十分な余裕ができたため衣類が選びやすく、ハンガーをいちいち横一杯にずらさなくても出し入れしやすくなりました。

衣類の大整理を決行した直後は、さすがにIさんも「もうブティックには行きません」とおっしゃいました。でも、お買い物を楽しみたい気持ちを永遠に閉じこめることはできないでしょう。

そこで、買い物に行くこと自体は禁止できないけれど、行くときは、少なくとも次の3点を意識していただくことにしました。

① 購入する理由をはっきりさせる――衝動買いはしない
② 同じデザインの服を持っていないか、購入前に確認する――二度買いはしない
③ 1着買ったら1着処分する――定量管理をする

この3点さえ守っていただければ、以前のように大量の衣類を抱えこむことにはならないはずです。

●コラム　不要な衣類の処分方法

不要な衣類の処分方法としては、リサイクルショップに買い取ってもらったり、ネットオークションで売る方法もありますが、大量に処分したいときは適しません。

大量の古着などは、量《はか》り売りの古着買い取り業者に買い取ってもらうことができます。総量1キロでわずか20～30円ですから、文字通り二束三文《にそくさんもん》ですが、ただ捨ててしまうの

はもったいないと思う方には、うれしい方法ですね。

ネットで申し込んで、宅配便で無料配送することができます。箪笥などの大型家具と一緒に引き取って、タイやインドネシアなどに売る業者もいますが、買い手がつかない場合は処分費が課されることもあります。

第5章

収納スペースを何倍にも活用する法

ＬＤＫには雑多なモノが集まってくる

この章では、モノを収納するスペースの整理についてお話しします。

収納スペースというと、押し入れやクローゼット、納戸《なんど》、屋根裏収納などを思い浮かべるかもしれませんね。でも、実際に多くのモノが収納されているのは、最初から収納目的でつくられたスペースだけではありません。

一般的に、家の中で雑多なモノがいちばんたくさん収納されているのは押し入れや納戸ですが、次にモノが多く集まっているところはリビングダイニングキッチン（ＬＤＫ）。ひと昔前の居間です。

「居間」とは、文字どおり家族がいつも「居る部屋」のこと。かつては「茶の間」とも呼ばれ、食事をするのも、テレビを観るのも、子どもが宿題をするのも、みんなこの部屋でした。

時代は変わり、多くの家庭でＬＤＫと呼ばれるようになりましたが、家族が一緒に、いちばん長い時間を過ごす部屋であることに違いはないでしょう。昔の家にあった客間や応接間が減りましたから、ＬＤＫはお客さまをお迎えする部屋でもあります。

人が大勢集まって、さまざまなコトをしながら、長時間過ごすのですから、当然、モノもいろいろ集まります。

奥さんとしては、家事などで日常的に使うモノはこの部屋に置いておくほうが楽です。巣立っていった子どもたちの写真アルバムなども、いつでも開けるようLDKの棚に並べたくなります。読みかけ雑誌や手紙類は、当然、キッチンカウンターの上。一方、ご主人は、趣味のコレクションや自慢の道具類などを自慢げに飾ります。

こうしてLDKには、生活必需品から装飾品まで、ほんとうにさまざまなモノたちが所狭しと詰めこまれ、床まであふれだすこととなるのです。生前整理においても、とくにたいへんな収納スペースです。

LDKのように、目的や用途の異なる雑多なモノが集まる収納スペースを効率よく整理するために、ぜひとも知っておいていただきたいのが「グルーピング」です。

収納に欠かせない「グルーピング」と「ゾーニング」

生前整理では、「要か、不要か」の選別と不要な品々の処分を終えてから、収納プランを作成します。家づくりでいえば「基礎（土台）」に当たるのが整理。収納プランは基礎の上に築かれる建屋《たてや》のようなものなのです。

収納プランが整理より先行すると、リバウンドする危険が大きくなります。整理を強《し》いる最中にも、つい「これはどこに収納しようか……」といった思いが頭をもたげてくるので、注意が必要です。

「収納」において重要なのは、どんな場所でもしまいやすいことと同時に、取りだしやすいことです。これは、ＬＤＫの収納ではとくに大切です。ＬＤＫに集まってくるモノたちのほとんどは家族が日常的に使う必需品、つまり頻繁《ひんぱん》に出し入れするモノばかりだからです。

その意味で、収納計画に不可欠なのが先ほど言ったグルーピングともう一つゾーニングの概念に沿った収納設計です。

①用途に応じて分類するグルーピング

ＬＤＫには、じつに雑多なモノたちが集まっています。しかし、その目的や用途を考えると、いくつかのカテゴリーに分けることができます。

たとえば、保険証や電化製品の取扱説明書など日常生活に必要な「書類」のカテゴリー、趣味の「美術鑑賞や映画鑑賞」に関係するカテゴリー、インク、紙など「パソコン・携帯電話」に関係するカテゴリー、絆創膏《ばんそうこう》や風邪薬など「医薬品」のカテゴリー、掃除機や雑巾、床用ワックスなど「掃除」のカテゴリー、金槌《かなづち》、ドライバー、クギ、メジャーなど簡単な「工具」のカテゴリー……。

しかし「グルーピング」とは、何らかの作業をおこなう際に同時に使用するモノたちのグ

グルーピングの例

掃除グループ……掃除機、紙パック、部品、洗剤、床用ワックス、バケツ、雑巾やボロ布等

アイロングループ……アイロン、アイロン台、スプレー、当て布等

裁縫グループ……裁縫道具セット、生地、ミシン等

梱包グループ……ガムテープ、養生テープ、紐、ハサミ、カッター、送り状伝票、マジック等

お出かけグループ……ハンカチ、タオル、腕時計、財布、携帯電話、帽子、折りたたみ傘等

冠婚葬祭グループ……香典・祝儀袋、数珠、袱紗、喪章、筆ペン、アクセサリー、ネクタイ等

旅行グループ……旅行用ミニ洗顔歯ブラシセット、ポーチ、ビニール袋、携帯枕、胃腸薬、酔いどめ薬、エコバッグ、下着ケース等

※「カテゴリー」は種類別、「グルーピング」はある行動に要するモノたちをグループ化したモノ

ループ分けです。一般的にいわれる「文房具」「電化製品」「書類」などの分類にとらわれる必要はありません。場合によっては、ハサミや電池のように複数のグループに含まれるモノも出てきますが、気にしないことにします。

いまは１００円ショップに行けばさまざまな種類のハサミが手に入る時代。用途に応じて、いくつか買ってもたいした出費にはなりません。

このように、ＬＤＫ内にあるすべてのモノを**使用目的に応じてグルーピングして収納すれば、いざというときに手間がかかりません。**

たとえば、「遠方に住む孫たちに誕生日のプレゼントを送ろう」と思ったとしましょう。「梱包」のグループの引き出しや収納棚を開ければいいだけです。カードも、包装紙も、ガムテープも、紐《ひも》も、カッターも、ハサミも、マジックも、必要なモノはすべてそろっています。

ハサミを探すために、文房具の引き出しを引っくり返す必要はありません。場合によっては、ボールペンや送り状伝票までが入っています。なんと便利なことでしょう。作業が終わって、片づけるときも、すべてまとめてある一つのグループ箱を元の場所に戻せばいいだけです。

②使う場所に収納するためのゾーニング

グループピングしたモノたちは、ひとまとめにしてカゴや引き出し、箱などに収めます。そして、全体量を確認します。スペースに余裕がないときは、なるべく「現在、使っているモノ」だけを厳選することが大切です。

収納場所は、それらのモノたちが現実に「どこで、どんなときに使われるか」を重視して決めましょう。「冠婚葬祭」のグループなら、ひとまとめにして礼服と一緒にクローゼットの枕棚に置いておけば、いざ必要となったときにそろえやすく、準備が簡単になります。

次に「ゾーニング」についてですが、建築・インテリア計画においておこなわれる設計計画上のプロセスのひとつで、空間を機能や用途別にまとめて、いくつかの小スペースに区切り、それぞれに必要な大きさや位置関係を決定する設計手法のことです。

部屋はそれぞれ違った機能を持っていますね。アイロンの収納場所を決めるときは、ふだんどこでアイロンを使うかを考えてみてください。和室で使うのなら、和室の押し入れの中でもいいでしょう。ところが「以前は和室の畳《たたみ》の上でアイロンをかけていたけれど、いまはリビングのテーブルの上」という方がいらっしゃいます。にもかかわらず、和室の押し入れに収納しているようでは意味がありません。

日常的に使うモノは、使う場所のすぐ近くに収納するのがゾーニングという設計手法に沿った収納の原則です。そうでなければ、出し入れに無理がきて、しだいに元の場所に戻すのが面倒になってきます。「出しっぱなし」の始まりです。

モノの収納計画を立てるときは、「日々の生活において、この場所で何をするから何がいる」を考えることが重要なのです。

同じリビングのスペース内でも、もしご主人が新聞を読んだり読書をしたりする場所と、奥さんがアイロンをかける場所は違うのであれば、ご主人の本などは実際に読書する場所の近くに、アイロングループのモノたちは実際に奥さんがアイロンをかける場所の周辺に収納するほうがいいのです。

事例5 LDKの整理

埼玉県のJさん夫妻は、若い頃に購入した戸建て住宅にお住まいでした。その家はすでに築40年以上を経過し、必要に応じて多少のリフォームを施《ほどこ》してこられたようですが、モノが増えて暮らしにくくなったとのこと。「そろそろ棚卸《たなおろし》をして、さっぱりしたい」という依頼を受けて、お邪魔することになりました。

最初の訪問で印象的だったのは、LDKの開口部の広さです。40年前にこの家が建った頃は、まだモノも少なく、明るくて住みやすい家だったことでしょう。

しかし、窓が多くて開口部が広いということは、収納家具を置く場所が少ないということでもあります。時代とともにモノはどんどん増えますが、大きな箪笥《たんす》やキャビネットを置けばせっかくの窓がふさがってしまうのです。

Jさん宅では、やむなく窓の下に背の低い収納家具をいくつも並べてありました。しかし、インテリア的に見て、あまり美しい部屋にはなっていませんでした。

そのうえ、LDKとしてリビングがダイニングやキッチンと一体化しているため、キッチンの収納に入り切らない食器類の一部もリビングスペースに流れだし、床の上に積みあがっています。一方、キッチンカウンターには書類や雑誌やモノがあふれ、本来の役割を果たせない状態になっていました。

カウンセリングの結果、「身体的な負担が軽いシンプルな暮らし方がしたい」というJさんの希望をかなえるため、Jさん宅の整理の目標を「LDKでよく使うモノを取りだしやすく、しまいやすい設計に変える」と決めました。

まずは、LDKに蓄積していたすべてのモノを「見える化」して、Jさん夫妻に一つずつ「要か、不要か」「気に入っているか」など判断していただきました。

まず目立ったのは、ご主人が趣味で集めた骨董品《こっとうひん》類の多さです。リビングの棚や床の上で埃《ほこり》をかぶっている骨董品をすべて並べてみたら、大小60点余りもありました。

ご主人に「これらの中でいちばん気に入っていらっしゃるのはどれですか?」とお聞きすると、いかにも苦しげで困ったご様子。尋問《じんもん》するようでお聞きするのもつらいのですが、整理においては「序列をつける」ことが大事です。時間をかけて考えていただくうちに、「ほんとうはそれほど好きじゃないけれど、買ったとき高かったから処分するのはもったいない」というモノも含まれていることがわかりました。

「この品なら古物商に引き取ってもらえますよ」「バザーで売れますよ」などと提案すると、とたんにニコニコ顔になり、「じゃあ、持っていってください」となりました。

キッチンカウンターに山積みになった雑誌類に関しては、「読みますか?」とお聞きすれば、必ずといっていいほど「これから読みます」という答えが返ってきます。Jさんもそうでした。しかし、「いつ、読むのですか?」とお聞きすると、「すぐには読めないので、スクラップします」とのお答えでした。

じつを言えば、この「スクラップ」が曲者《くせもの》です。スクラップしてしまうと、それだけで安心して、もう二度と読まなくなるのが常なのです。「何年も前にスクラップした記事が出てきてびっくりした」という話はよく聞いても、「スクラップした記事が役に立った」という話をお聞きしたことはありません。結局、雑誌類は「必要なところだけ切り抜く」という宿題を残して、段ボール箱にまとめました。

その他、リビングの壁に並んだ収納家具や棚に詰めこまれていた雑多なモノのうち、日々の生活に必要な日用品や医薬品なども一つひとつ並べて確認。不要なモノは廃棄《はいき》と決め、必要なモノだけをグルーピングして効率的に収納することができました。

Ｊさんは「あ～あ、すっきりしました」とうれしそうです。ご主人も、お持ちの骨董品が少なくなったことで、かえって「宝物がよみがえったような気持ちだ」と喜んでくださいました。これまではモノを多く持ちすぎていたため、ほんとうに大切なものが把握《はあく》できず、それらの存在感も薄くなっていたのかもしれません。

事例６――押し入れ

伝統的な日本家屋における収納スペースといえば、押し入れと納戸です。最近では、納戸があるような大きな日本家屋に出会うことは少なくなりましたが、押し入れはまだまだ健在です。

とくに高齢になると、布団の上げ下ろしが身体に大きな負担となるため、「畳に布団派」だった方でもベッドに宗旨《しゅうし》変《が》えされることが多いようです。当然、布団は不要となりますから、それまで布団に占領されていた押し入れが自由に使えるようになります。

押し入れはとても魅力的な収納スペースです。収納力が大きいだけでなく、出し入れがしやすいからです。

ところが……床の上にまで多くのモノが散乱している住まいでは、不思議と押し入れの中がガラーンとしているものです。せっかくの押し入れが活用されていません。それどころか、大きなデッドスペースとなっているケースも多々見られます。

押し入れに入れてしまうと二度と取りだすことができず、なくしてしまうような恐怖感があるのでしょうか。年齢を重ねるにつれて、そんな不安感が募《つの》り、モノはすべて見えるところに、すぐ手に取れるところに置くことが習慣化するのかもしれません。

しかし、いくら「見えるところに、手の届くところに」といっても、手の届くところにあるモノが多すぎれば、何がどこにあるかもわからなくなり、かえってモノを取りだすのがむずかしくなります。当然、掃除の労力もたいへんです。

押し入れに収納できないモノたちが、和室の床の間《とこま》や畳の上にあふれだしているケースも少なくありません。本来、和室の床の間は、掛け軸や生け花などを飾る神聖な場所なのに、モノがゴタゴタと置かれてしまうと、とても見苦しいのです。

そんな状況を一変させるためにも、安心して押し入れに収納できる方法をマスターしてください。

押し入れは家の中でいちばん大きい、貴重な収納スペースです。上手に使わない手はありません。収納パターンを身につけておくと、モノの定量・定位置がぶれないので、ひじょうに便利です。

大前提として、まずやらなければならないのは、やはり「要・不要」の分別です。あらゆる整理の例にもれず、押し入れ活用も、収納テクニックや収納プランだけを学んで真似しようとしてもうまくいきません。まずは「整理ありき」と肝《きも》に銘《めい》じ、これまで見てきた整理と同じように「見える化」から始めましょう。

押し入れはたしかに大きな収納スペースですが、不要なモノたちまですべて詰めこんでいたら、必要なモノがどこにあるかがわかりにくくなって、結局、すべてが死蔵化してしまいます。

どんなに大きな収納スペースでも、「見える化」と「要・不要」の分類をおこなった後、「要」と判断したモノだけを、余裕を持って収納することが肝心です。

「押し入れ収納」5つのSTEP

押し入れの大空間を効率的に活用するために、ぜひとも知っておいていただきたいポイントが5つあります。具体的に説明していきましょう。

押し入れに何を収納するかは家庭や家族構成、趣味または他の収納との関係により違ってきますが、一般には衣類、バッグ類、冠婚葬祭関係、旅行関係のモノなどを入れることが多いようです。「畳に布団派」の場合は、もちろんこれらに布団・シーツなどのリネン類が加わります。

STEP1 収納スペースを4つに区切る

押し入れは奥行が深いので、まずは139ページ上のイラストのように大きく4つに区切って考えるといいでしょう。それが、押し入れの収納設計の基本となります。

押し入れの引き戸をすべて取り払い、少し離れて立って押し入れ全体をながめてください。上段の左側、上段の右側、下段の左側、下段の右側という4つのゾーンが見えるはずです。

それぞれのゾーンにどんなものを入れれば出し入れしやすいかを考えてみましょう。

たとえば、上段の左側には季節に関係なく頻繁に使用するバッグや小物類、冠婚葬祭関係のグループなど。右側には布団・シーツ類、タオル類など。下段は左側に妻の衣類など、右側に夫の衣類など。

また、通常の押し入れは奥行が約80センチあるため、同じ段でも「手前」と「奥」に分けて使うこともできます（139ページ下のイラスト）。

「手前にオンシーズンの衣類、奥にオフシーズンの衣類」というように、頻繁に使うモノを

押し入れ地図をつくる

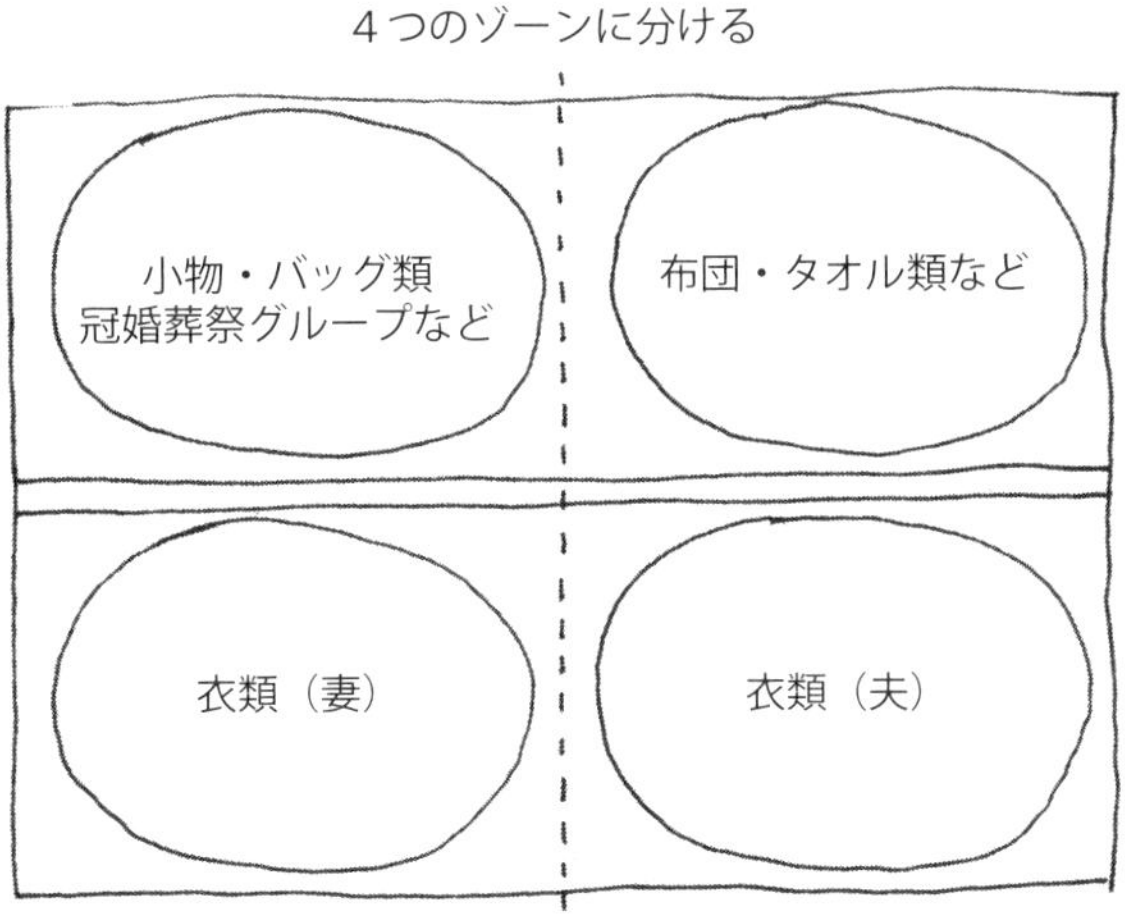

押し入れ用クリアケースの中身を区分する

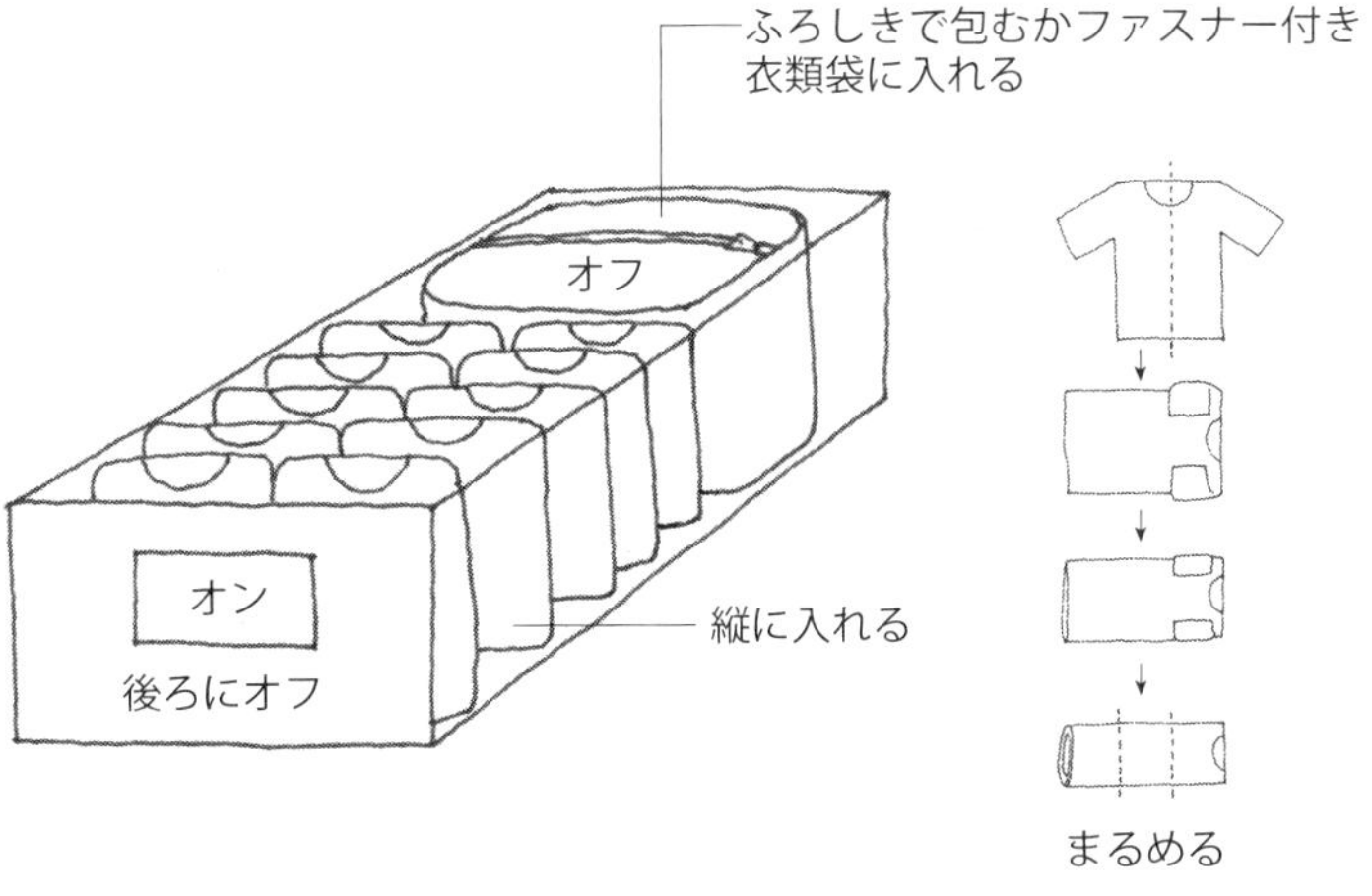

手前、ほとんど出し入れしないモノを奥に収納することとします。

STEP2　アイテム別の塊をつくる

押し入れは奥行のある大きな空間なので、モノを単独で入れると、簡単に行方不明になってしまいます。とくに奥のほうには単独でモノを入れないこと。これは、押し入れ収納の鉄則です。

STEP1でおこなったゾーニングを念頭に、「タオル類」「バッグ類」「冠婚葬祭関係」などアイテムごとの塊《かたまり》をつくってみましょう。

STEP3　塊の量に合った収納用具を選ぶ

収納においては、奥行に合ったサイズの収納用具を選ぶことが重要です。

押し入れの場合は、やはり押し入れ専用のクリアケースがいちばん使いやすいでしょう。ケースの奥行は70センチ前後あるため、いちばん奥まで無駄なく使うことができます。STEP1で言ったように、ケースの中を「手前にオンシーズンの衣類、奥にオフシーズンの衣類」のように収納すれば、季節ごとに前後を入れ替えるのも簡単です。

ただし、収納するモノが下着などの小物の場合など、浅めの収納用具のほうが使いやすい

収納するものの定位置を決める

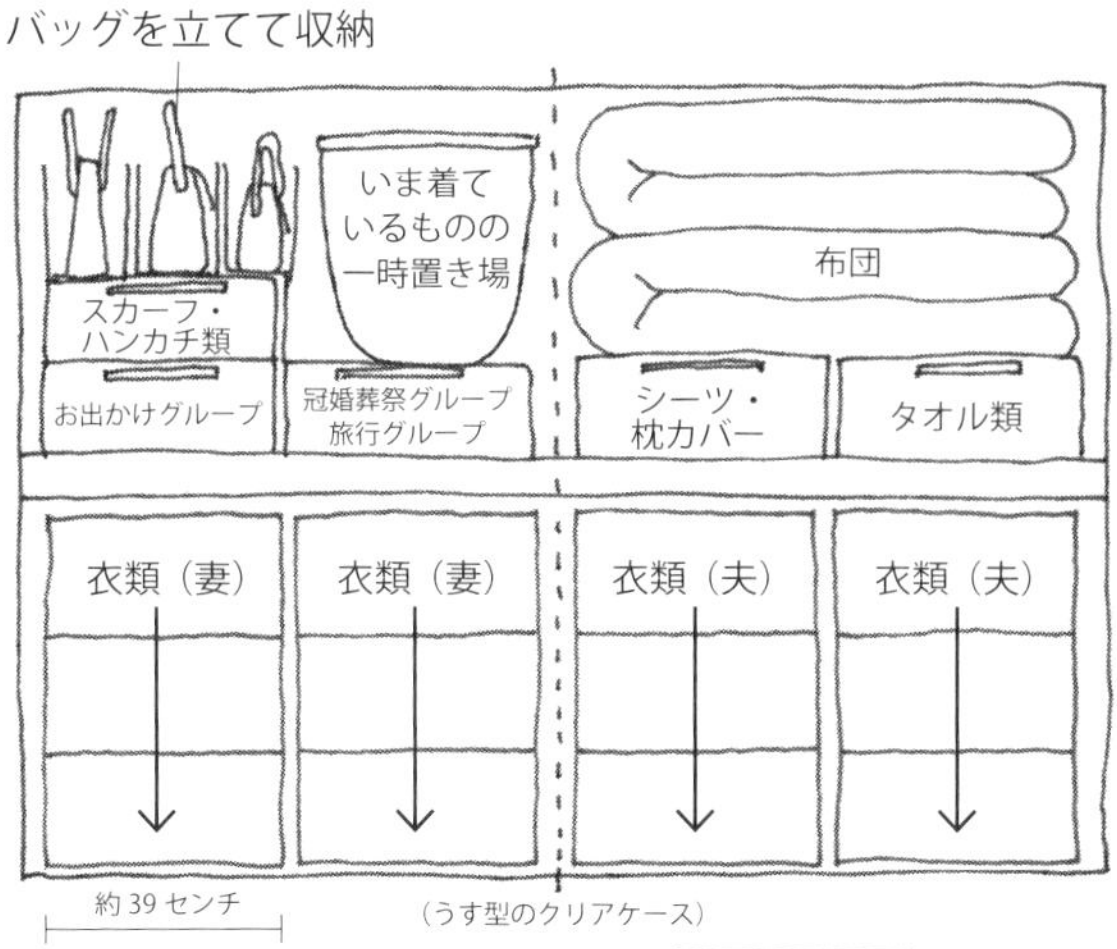

こともあります。クリアケースの上にすでにお持ちのクリアケースを重ねることもできます。アイテムの塊をじっくりとながめながら決めてください。

STEP４ 使用頻度を考えて定位置を決める

それぞれのアイテムを使う頻度、重さや大きさなどを考えて、４つのゾーンのどこに、何を収納するかを決定します。

一般的には、頻繁に出し入れするモノを上段に、あまり使わないモノや重いモノを下段に収納します。

まずは、各アイテムの定位置を書き入れた、押し入れ全体の地図をつくってみるといいでしょう。

この地図を保管しておけば、後になってから、どこにどんなアイテムを収納したかわからなくなったときにも探しやすくなります。慣れるまで近くに貼っておきましょう。

STEP5 ラベルを貼って定位置に収納する

STEP4で作成した地図をもとに、クリアケースなどの収納用具にモノを入れて、実際に押し入れに収納します。

ケースや引き出しに、何が入っているかが一目でわかるようなラベルを貼っておくと目的のアイテムを探しやすく、いちいち押し入れ地図を見る必要がなくなります。

使わなくなった子ども部屋は「納戸化」しやすい

いまの時代、都会で一戸建てに住むだけでも贅沢《ぜいたく》なのに、「納戸」のある家なんて夢のまた夢ですね。

ところが、生前整理をしたいという方のお宅にうかがうと、お子さん方が独立した後、かつての子ども部屋が「納戸化」しているケースがよくあります。

子ども部屋の納戸に入ると、崖《がけ》のように積みあがったモノの量に唖然《あぜん》とさせられます。もともと子ども部屋には、独立した子どもたちが残していった勉強机や箪笥、衣類などがそのまま置かれていることが多いものです。

そのうえ両親が、他の部屋で使わなくなった家具や道具類まで、少しずつ持ちこむようになります。ほんとうは処分すればいいのに、なまじ置き場所があるため「とりあえず」とか「万が一、必要になったときのため」と考えて、深く考えることもなく放りこんでしまうのでしょう。

もともと納戸は「ふだん使わないモノ」を収納する場所ですが、子ども部屋の納戸にあるのは「何年もの間、まったく使われていないモノ」ばかりです。過去の遺物とふいに遭遇したような、不思議な気分にさせられます。

納戸化した部屋はめったに窓が開けられることもありませんから、風が通らず湿気がたまって、カビが生えるなど、たいへん不衛生です。子ども部屋が2階にあった家では、高齢化した両親が階段を嫌って1階だけで生活するようになることがよくあります。

そういう家では、2階全体が納戸化しがちです。結果、使わなくなった2階の廊下や階段にまでモノを置くようになり、廊下や階段の納戸化が起こることも多いのです。

子ども部屋などの空き部屋を納戸として使うのは、悪いことではありません。ただし、不要なモノをすべて放りこむ部屋であってはいけません。

事例7　納戸の整理

今回のクライアントは70代で一人暮らしのKさんです。さっそく初回カウンセリングをおこなって、生前整理の目標を決めました。Kさんのご希望は、第一に「納戸の中を探しやすくしたい」、第二に「家事を簡単にしたい」です。

問題の納戸を拝見すると、例によって大量のモノたちが詰めこまれていました。それらの整理が大前提となるでしょう。

最初の作業として、何年も眠っていたモノの「見える化」を始めました。Kさんご自身の中にも、「ほんとうは捨てたい」という思いがおありだったようです。「この際だから」の言葉とともに捨てたい衝動があふれ出たようで、あれも、これも、思いのほか簡単に手放すことができました。まさに、それまでの人生に片をつけるといった印象でした。

残すモノは「必要なモノ」と「近い将来、使う可能性のあるモノ」だけに厳選することができました。次の作業は、「納戸」のスペースの見直しです。

狭いスペースでも、モノを単に詰めこもうとするなら、かなりの量を詰めこめるものです。ただし、その後の出し入れの便を考えた場合、たくさん詰めこめればそれでいいという話ではありません。

リバウンドしないためのルールは「収納場所に入るだけ持つ」こと。Ｋさん宅では「納戸に入るだけ持つ」のが前提となりますが、それは「何か必要になったとき、納戸の内部であれこれ探す手間がかからず、必要なモノを瞬時に取りだせる状態」を意味しています。必要なモノがすぐに見つからなかったため、二度買い、三度買いしてしまったという苦《にが》い経験は、Ｋさんご自身もすでにお持ちでした。

今後はそのような失敗をしないよう、細かいモノはグループごとに密閉容器や箱などに入れて収納しました。たとえば、クリスマス用品やお正月用の装飾品などは「季節のイベント用品」のアイテムに仕分けしました。さらに、工具のアイテム、花瓶のアイテム、新品文房具のストックのアイテム、ティッシュやタオルのアイテムなどを設《もう》け、それぞれ収納した容器や箱にラベルを貼りました。こうしておけば、いつ、それらが必要になっても、簡単に見つけることができます。

ここで重要なのは、**ラベルに書いたモノ以外は絶対に入れない**こと。定位置管理の原則です。もちろん、所有するのは「そこに入るだけ」という定量管理のルールも守っていただきます。

納戸の整理にあたっては、納戸全体のどこに何があるかが明確になるよう、**扉の裏などに、アイテム名を書いた地図を貼る**こともおすすめしています。押し入れ地図と同じように、必要なモノを探すとき、どこを探せばいいかが一目瞭然《いちもくりょうぜん》となるからです。

Kさんにとっては納戸の問題が長年の悩みの種だったのでしょう。整理が終わると、「ほんとうに楽になった」と言って、とても喜んでくださいました。

誰だって年齢を重ねれば、いろいろなことが面倒になってくるものです。モノを探すのもひと苦労ですから、なるべく点数を少なく持つことをおすすめしています。高齢になればなるほど、家の中がすっきりと片づき、ほしいモノが取りだしやすい状態にあるのは助かることなのです。

家の中も、頭の中も、簡単に、わかりやすく整理しておくことは、生前整理の大きな価値です。だからこそ、まだまだ元気で、環境の変化にも柔軟に対処できるうちに、生前整理をすませておくことが大事です。

第6章

親の家の片づけ問題

「母に家を片づけさせるにはどうしたらいいですか？」

セミナーの終わりなどに、かならずお受けする質問があります。

「母に家を片づけさせるにはどうしたらいいですか？」

そしてみなさん、口ぐちに「実家がカオス状態で足を踏み入れられない」「孫を連れて遊びにいけないので悲しい」などと嘆かれます。

子どもたちとしても、勝手に実家のモノを捨てることはできないので、なんとかお父さんお母さんを説得して片づけてあげようと一生懸命なのですが、肝腎《かんじん》のご本人にはまったくやる気がない様子。

家族があれこれ心配し、いろいろな切り口で説得しようとすると、かえって裏目に出たケースもあるようです。子どもたちの「捨てさせなければ」と思う気持ちを察知して、ますます意固地《いこじ》になり「溜《た》めこみ症」が悪化してしまうのです。

そんなとき、子どもたちの脳裏をよぎるのが、テレビのニュースなどで巷《ちまた》の困った話題として取りあげられることの多いゴミ屋敷。近隣の住民にとっては大迷惑ですから、町内の世話役や役所の担当者が何度も訪問して説得するのですが、当の住人にはいっこうに片づける意思《いし》がありません。

やむなく強制的に道路の荷物を撤去したなどという話を聞けば、誰だって「どうしてそんなになるまで放置していたのだろう」「子どもたちはいったい何をしていたのだろう」などと思わずにいられません。

しかし、遺品整理士をしている同業者に聞いたところ、手のつけられないゴミ屋敷住人の身内の方々も、多くは現状を見て「まさか、こんなことになっているとは思いもしなかった」と驚き、唖然《あぜん》とするらしいのです。おそらく子どもも孫も遠方に住み、頻繁《ひんぱん》に訪ねることもなく、コミュニケーションが希薄になっていたのではないでしょうか。

ご近所の顰蹙《ひんしゅく》を買うゴミ屋敷とまではいえないものの、お年寄りの住まいは、一歩室内に入れば、カオス状態ということがけっして少なくありません。

私自身、どうしてもゴミを減量しなければ「寝る場所がない」「食事もできない」「体調は最悪」「普通に暮らせない」といった状況の方から、整理の仕事の依頼を受けることがあります。ほとんどが、「このままでは生命が危険」というドクターストップがかかったも同じ状況です。

なぜ「溜めこみ症」になってしまうのか

ご自身がそうした「溜めこみ症」になってしまった経験をお持ちの方からお話を聞いたこ

とがあります。

なぜ、そんなことになってしまったのかといえば、足腰がそれまでのように動かないという身体の変化から始まったそうです。思うように動けないため、モノを使った後、元の収納スペースに戻すことが億劫《おっくう》になり、つい出しっぱなしにしてしまう……。最初は、そんな小さな変化だったのです。

ところが、出しっぱなしに慣れてくると、あれもこれもしまうのが面倒になり、手の届くところにばかりモノを置く習慣がついてきます。そのうち床が見えなくなって足場も狭くなり、モノの上にモノを置くようになり……。つまり、床の上にゴタゴタとモノが積みあがった状態は、突然、生まれるのではなく、毎日、少しずつできあがっていくのです。

ゴタゴタがどんどん重なると、使いたいモノも簡単には探せなくなります。だから、同じモノを二度買い、三度買いして、さらにモノが増えていきます。そして、いつの間にか、モノに囲まれ、占領されたような日常環境に慣れてしまいます。

習慣とは恐ろしいもので、慣れてしまえば、段ボール箱や収納ケース、紙袋、ポリ袋などが天井までうずたかく積まれた部屋にいても、異常だと感じなくなります。崖《がけ》のようにそそり立つモノたちの中から、必要なモノをいちいち探しださなければならないという不便きわまりない生活にも、苦痛を感じなくなるようです。

そうなってしまったら、もう自分では対処のしようがありません。「いまさら、もうどうでもいい」という気持ちになっているからです。それどころか、子どもたちが「片づけよう」などと言おうものなら、すっかり気を悪くしてしまいます。自分が大切にしているモノを、子どもに勝手に捨てられるのではないかと不安になるのです。

配偶者との死別や子どもの独立などで一人暮らしとなり、強い孤独を感じている高齢者に、そうした傾向が強いように感じます。不安やさびしさを紛《まぎ》らわすため、買い物依存症になってしまう方はけっして少なくありません。

したがって、お年を召した方、とくに一人暮らしの親の住まいを整理するときは、特別な配慮と工夫が必要です。

まずは、ふだんからできるだけコミュニケーションをとりつつ、日常の暮らしぶりを観察してください。すでに不要と思われるモノが一つの部屋に詰めこまれている状態なら、黄色信号です。

しかし、いきなり「片づけよう」とか「整理しよう」などと急《せ》かしてはいけません。心の扉《とびら》が固く閉じられてしまいます。**高齢者の住まいの整理は、「ゆっくり、ゆっくり」が大原則です。**

●コラム　「見える化」で出てきた新品のモノたち

高齢者のお宅の押入れや納戸には、なぜか新品のモノたちが大量に隠されています。将来への不安感から二度買い、三度買いしたモノや、不要なのに衝動買いしてしまったモノもあります。あるお宅では、「身体が弱って動けなくなっても困らないように」という思いから買いこんだトイレットペーパーが部屋のあちらこちらから３００ロールも出てきました。石油ショック時にトイレットペーパーが品薄になった記憶がトラウマになっていたのでしょう。

「友人知人にいただいたものだから、大切にとっておかなければ失礼にあたる」という気持ちから使わずに保管しておいたモノもあります。しかし、いつか使おうと思って取っておいた大切な新品も、忘れたまま放置され、何年もたてば、変色してカビが生え、リサイクルに出すこともできなくなってしまいます。使わずにとっておくことのほうが、ほんとうは「もったいない」のです。

＊高齢者のお宅で「見える化」した結果、出てくることの多い新品モノ

①衣類・下着　②旅行で買った絵葉書　③ポーチ・ハンカチ・タオル類　④記念品などの額　⑤靴　⑥洗剤　⑦トイレットペーパー　⑧食器類　⑨化粧品・衛生用品　⑩ラップ・アルミホイル・ゴミ袋等

事例８―高齢の親の家の片づけ

知人のＬさんから、「実家の片づけをしたいので手伝ってほしい」という相談を受けました。一人暮らしのお母さんの家にうかがってみると、予想を超えるモノの多さです。床にも紙袋やスーパーのポリ袋が散乱していて、どこから手をつけたらいいのかわからないほどでした。

Ｌさん、つまりその家の娘さんは、以前から「実家の母が加齢とともにモノが捨てられなくなった」と嘆いていました。ところが、当のお母さんは、問題の深刻さをさっぱり理解していらっしゃいません。私が初回カウンセリングを始めても、最初は「娘が勝手にお願いして……」と困惑した様子でした。それでも「せっかく来てくださったのだから」とおっしゃり、とりあえず話だけは聞くことができました。

まず、なぜこういう状態になってしまったのか、その原因を探るため、片づけと向きあいたくないお母さんの気持ちに共感しながら、お話を傾聴《けいちょう》します。

お母さんの言葉をけっして否定することなく、「うん、うん」とうなずきながらお聞きしていると、少しずつ心を開いてくださったようで、思い出話などがどんどんヒートアップしてきました。やがて、ほぼすべての思いを吐きだすことができたのでしょう。ふっきれた表情で、こうおっしゃいました。

「関係ない話までしてしまい、すみません。でも、聞いてくださって、ありがとう」

高齢の方の一人暮らしでは、思い出話を聞いてもらったり、悩みや不安を打ち明ける相手も機会も少ないもの。話すことができただけでも、心が軽くなり、また前向きになるのです。

生前整理に着手するのは、自分の人生に「片をつける」ことです。現在の生活だけではなく、過去の歴史にまで片をつけ、脱却するのは簡単なことではありません。「捨てたくない」と思う理由を言葉で説明するのは、本人にとってとてもつらいことなのです。

Ｌさんのお母さんは、私の前で胸の内を吐きだすことで、心も浄化《じょうか》されたのだと思います。最終的には「捨てないとダメですね」という気持ちになってくださいました。そして、次の訪問から娘のＬさんも含めて3人で片づけを始めることになりました。

最初に成功体験を実感していただくため、いちばん問題が深刻だったところから整理を始めました。家中の床を覆《おお》っていた紙袋やポリ袋の撤去です。お母さん自身に、袋の中身を一つひとつ見ていただきます。

作業が順調に進んだ日もありますが、けっして簡単ではありませんでした。高齢の方は、作業が進むにつれ「要、不要」の判断に疲れてしまうので、雑談や休憩時間を頻繁に入れなければなりません。

一度、「手放す」と決断したものの、すぐに心変わりされることもありました。「捨てなければ」という感情に押しつぶされそうになるのか、突然、「これは後で自分で整理します」と宣言されることもありました。これは危険な兆候ですから、少し時間をあけて気分転換を図ったり、Ｌさん母娘だけにお任せするといった工夫が必要でした。

整理の途中で「大切なモノを勝手に捨てられるのではないか」という不安が高まるのはよくあるパターンです。途中で心を閉ざしてしまうこともあります。そういうときは整理日程を大幅に延期し、当面は本人と家族だけで少しずつ進めていただきます。

生前整理が成功した際の収納完成図や成功事例写真などをＬさんにお渡しし、「心が折れそうになったときには、お母さんと一緒にこれを見てがんばってください。けっしてあきらめないで」とお伝えしたこともありました。

親の家の「ゆっくり片づけ処方箋」

実家の片づけといえば、最近では両親が他界した後の「家じまい」がよく語られますが、ほんとうは両親の存命中にこそ片づけてあげたいもの。不要品やゴミ袋の山に囲まれ、自分の家の中に居ながら身動きがとれないような暮らしから解放してあげたいものです。

もちろん簡単ではありません。ゆっくり、じっくり、時間をかけて、共同作業を進める覚悟が必要です。

「片づけさせよう」という気持ちは、いったん棚上げにしてください。親にも、長年、自分の流儀で生きてきたというプライドがあり、大切にしたい思い出があるのです。くれぐれも、そうした気持ちを無下《むげ》にせず、心を開いてもらうことから始めましょう。

第1段階　親のキャリアを尊重し、感謝する

整理とは関係ないようですが、まずは自分を育ててくれた親に感謝の気持ちを伝えることが大切です。

そのため、最初は片づけの話などいっさいせず、実家にも行きません。外で一緒に食事をしたり、楽しいところに連れていってあげたりして、時間を共有します。そうして自然に親子の思い出話などにふれることで、親は人生の棚卸《たなおろし》をすることができます。それは、子どもが親の人生を受け入れ、尊重し、感謝することにもつながります。

若い頃は親への感謝の言葉など照れくさくてとうてい口にできなかった人でも、ある程度の年齢になり、自分もそれなりの人生経験を積めば、感謝したい気持ちが生まれてきます。

私自身、いよいよ歩くことも困難になってきた母を目の前にしたとき、やはり感謝の気持ちをきちんと伝えておきたいと思うようになりました。

ついつい「家を片づける気にさせたい」という下心が頭をもたげがちですが、ぐっとこらえて、感謝の気持ちだけを素直に伝えます。そうすれば、親も素直な気持ちになり、子どもたちの言葉に耳を傾けてくれるかもしれません。

お忙しいとは思いますが、たまには時間をつくって顔を合わせるようにすれば、「いつもあなたのことを気にしているんだよ」という思いを伝えられるだけでなく、親のふだんの暮らしぶりを知ることができます。

第２段階――捨てない価値観を受容する

生身のコミュニケーションが復活すると、親子関係は昔のように温《あたた》かく血の通ったものになってきます。親の態度が軟化し、心を開いてくれたと感じたら、さりげなく友人知人の両親が生前整理にトライした話などしてみてもいいでしょう。

ただし、ここではまだ親の生前整理に対する考えを聞くだけにしておきます。「うちでも生前整理を考えてみようか」などと切りだしてはいけません。あくまでも、水を向けて反応を見るだけです。

「片づけ＝捨てる＝モノがなくなる」という方程式が頭に組みこまれている高齢者にとって、片づけや整理は恐怖です。親がそうした恐怖を抱えているようなら、けっして急がず、さらに時間をかけて、ゆっくりゆっくり心をほぐしていきます。

「もし生前整理をするとしても、捨てなくてもいいんだよ。大切なモノは全部、取っておくから大丈夫だよ」と約束し、生前整理をすることの意味や目的を少しずつ伝えます。聞いてくれそうなら、このままの状態を続ければ、いずれたいへんなことになるという事例を話し、どんなやり方なら受け入れられるか、具体的な希望も聞いてあげましょう。

そうした過程を通じて、絶対に忘れてならないのは、高齢者ならではの**「捨てない価値観」を認め、完全に受け入れる**ことです。

その点があいまいだと、後に整理作業に入ったとき、思わず「お母さん、こんなにたくさん持っていても使えないでしょう」などと言って、お母さんのプライドを傷つけてしまいます。第1段階でせっかく築きかけた信頼関係が嘘《うそ》になり、一気に崩《くず》してしまう恐れがあるのです。

「捨てる」「廃棄《はいき》」「処分」だけでなく、「無駄」とか「どうせ使えない」といった言葉も、なるべく発しないようにしてください。**「生前整理」の言葉も使わず、「整理」や「片づけ」で通しましょう。**

そして、親が「捨てない整理」に興味を持ってくれそうなら、実際の方法とステップをわかりやすく図解したり、箇条書《かじょうが》きにしたりして、ゆっくりと理解を深めていきます。

第3段階――「見える化」から「分類」へ

親が生前整理を受け入れる気持ちなってくださったら、いよいよ整理を開始します。ただし、ここでも急がず、焦《あせ》らず、ゆっくりと。

まずは「見える化」の作業です。ただし、さまざまなモノを並べて、一つひとつ「これは必要ですか？」とお聞きすると、ほとんどの方が「はい、使います」と答えますから、それなりの覚悟と忍耐が必要です。

以前、80代の女性のお宅で生前整理のお手伝いをしたとき、段ボール箱２個分の毛糸を見つけました。でも、「この毛糸は全部、使いますか？」とお聞きすると、やはり「全部、とっておきたい」と主張されました。自宅内に存在するモノは、すべて所有しておきたいし、すべて使いたいのです。万が一、まったく使わないとしても、捨てたくはないのです。

80代で、これから段ボール箱２個分の毛糸を使いたいというお気持ちは、あっぱれです。しかし、ご本人にも「徐々に視力も衰《おとろ》えるだろうし、手先の動きも鈍《にぶ》るだろう」という恐れがあり、そんな現実と向きあいたくない気持ちがおありのようでした。

実家の生前整理は、高齢の親の複雑な思いと向きあう作業でもあるのです。親の不安やさびしさ、恐怖などもしっかり受けとめてあげなければなりません。

古い写真、手紙や書籍類、思い出の品々、家族の歴史を伝える記録、子どもの玩具、趣味の作品、まだ着られそうな衣類、まだ使えそうな食器や道具類、壊れてはいない電化製品……。70代、80代で一人暮らしの方々の多くは、たくさんの思い出グッズに囲まれ、うずくまるようにして小さく暮らしているといっても過言ではありません。

とりあえずは「捨てる」「処分する」を考えず、**どんなモノがどのくらいあるかを自覚してもらうための「見える化」に専心します。**

第4段階―気づいて、手放す

「見える化」では、くり返し「捨ててないよ、分けているだけだよ」と言いながら、あらゆるモノを床の上に広げていきます。するとおもしろいもので、それまで頑《かたく》なに「全部、必要」と言い張っていた親の態度が少しずつ変わってきます。

「いやだね。こんなモノまで持っていたんだわ」

「まさか、こんなにたくさんあるとは思わなかったよ」

床いっぱいにゴタゴタ広がるモノたちを目の当たりにして、我ながらあきれたような顔で苦笑されることもあります。少しずつ頑固さが抜けてきて、「さすがにこんなモノはもういいかな」「なくても困らないわ」ということに気づかれるのです。

また、部屋ごとの片づけはたいへんなので、今日は衣類、次回は雑貨、とアイテムごとに見える化すれば、「こんなに多く持っていても使えない」と気づくはずです。

ただし、「必要ない」とわかっても、「捨てる」「手放す」決断ができないケースがあります。捨てることに対して、やはり強い罪悪感《ざいあくかん》を持っているのです。そのようなときは、捨てるのではなく、リサイクルショップに売ったり、バザーに寄付したりする提案をします。「私、使いたいからもらっていい？」といって自宅に持ち帰り、こっそり捨ててあげるという手もあるでしょう。

最終的に「要」と判断されたモノは、しまいこむのではなく、ご本人がどこで使うのかを聞きながら、前述のようにアイテムごとに分類し、使いやすく収めていきます。

家に入り切らないときは、レンタルスペースを借りるという手もあります。いずれにしても、**本人の最終判断を尊重し、よけいなおせっかいはしない**のが得策でしょう。

ただし、不衛生な生ゴミや食品包装、あきらかに不要な書類などは、簡単に捨てられる仕組みをつくってあげたいものです。

たとえば、玄関にゴミ箱を置くだけで、不要なダイレクトメールやチラシを捨てやすくなります。リビングに持ちこまずにすみますから、キッチンカウンターに積みあがることもなくなります。そうした小さな工夫の積み重ねが、ゴミ屋敷化の予防につながるかもしれません。

コラム　ゴミ屋敷を防止するためのリフォーム

居室のリフォームや家具の配置換えが可能な場合には、不要品の整理・処分をおこなった後、高齢者が暮らしやすい快適なお部屋につくり変えてあげるといいでしょう。長時間を過ごすリビングルームや居間のバリアフリーリフォームだけでも効果大。スペースに余裕ができれば心にもゆとりが生まれ、安心して生活できますから、不要なモノを二度買いしたり、溜めこんだりする程度が軽減します。

ポイントは、最低限、必要なモノだけをわかりやすく収納することと、動きやすいレイアウトに配置を変えること。

頻繁に使うモノは、座っていても手の届きやすい場所に、わかりやすく、見えるように、まとめて収めます。

いくつもの収納家具をあちこちにこまごまと並べてはいけません。動線が複雑になり、動きにくいだけでなくモノを探しにくくなってしまいます。むしろ、収納家具が減った結果、部屋の中心に何もない広場ができるくらいが理想的。高齢者にとっては、いちばん動きやすい空間となります。

高齢者にとって快適なレイアウト（例）

ゴミ屋敷予防のレイアウト。リビングには最低使うものだけを

変更前（動きにくい）

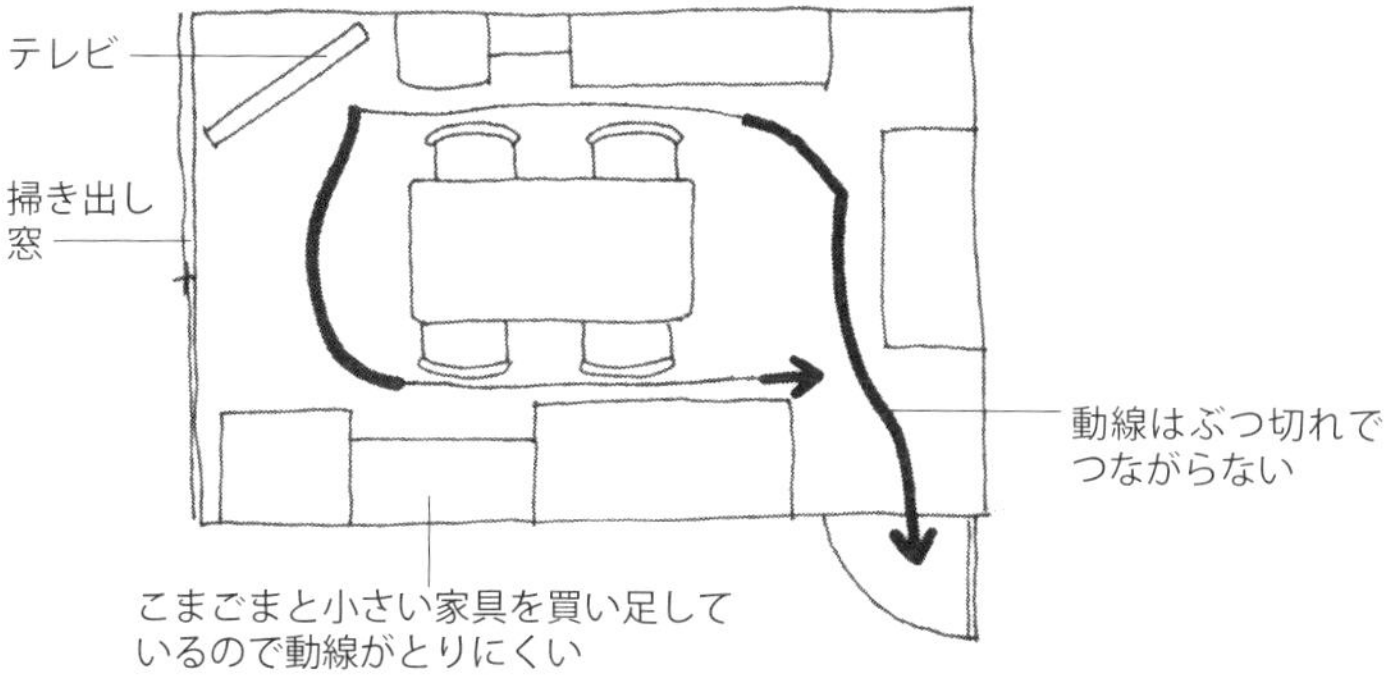

変更後（動きやすい）

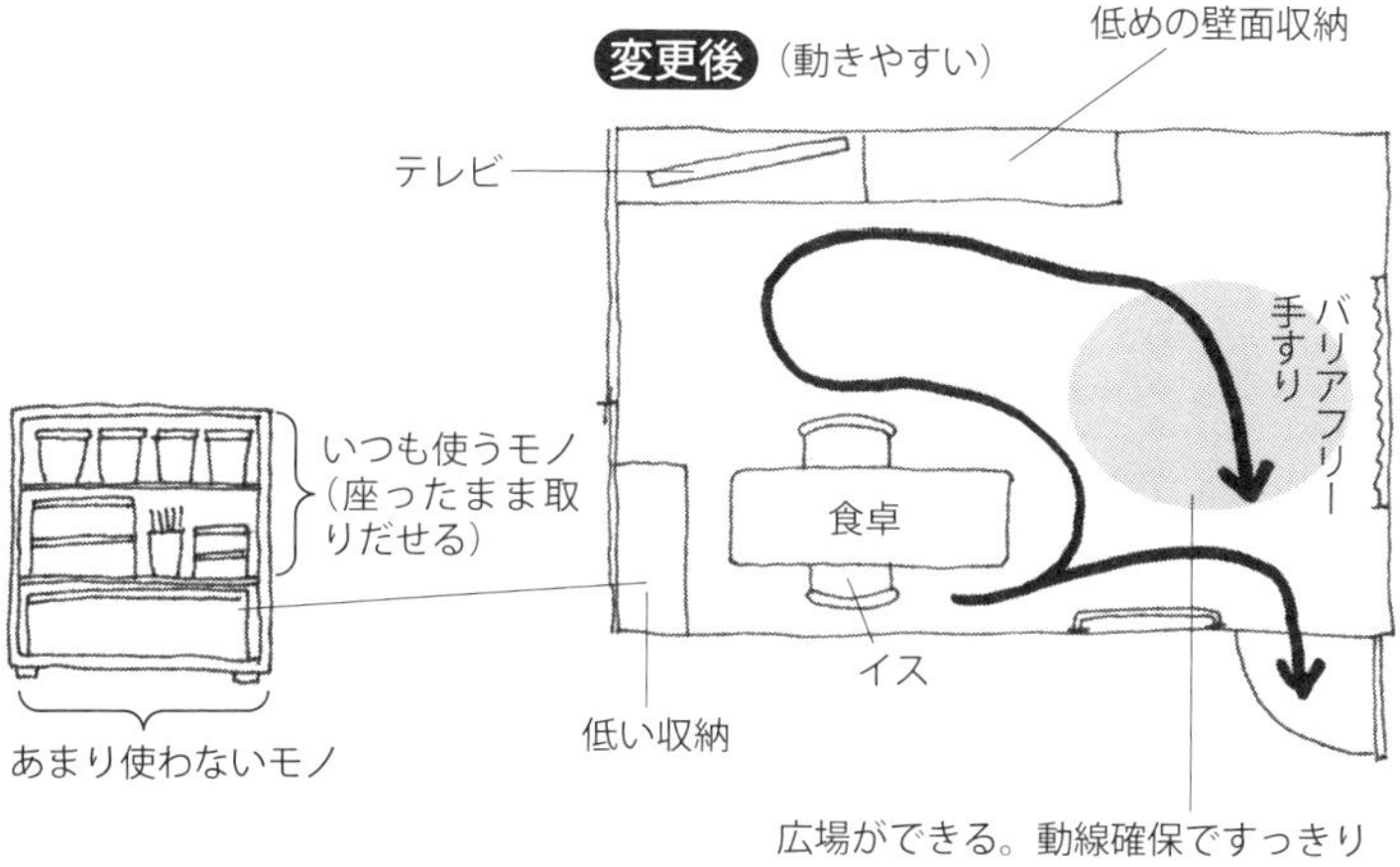

モノを手放すと家具が不要になり、スペースに
ゆとりができて安心・安全。心にも余裕が！

＊親のゴミ屋敷化予防策

1　ふだんから親の身体状態や住まいの状況をまめに観察する
2　親の気持ちに共感しながら、一緒に楽しむ時間をつくる
3　モノを溜めこんでいる状態や行動を怒らない
4　座ったままで何でも手に取れるような家具のレイアウトを考える
5　毎日使うモノは、手の届く場所に出し入れしやすい「見える収納」をする
6　ときどき定期的に片づけに通う、またはヘルパーさんから情報を提供してもらう
7　ヘルパーさんに冷蔵庫内の食品の処分を依頼する

亡くなった親の家を片づけるとき

ご自分でおこなう生前整理には、その後の人生をすっきりした気分で、楽に、健康に過ごすという目的があります。後々、子どもたちの手を煩《わずら》わせることがないよう、自分が元気なうちに自分自身の判断でモノを少しずつ整理できるという利点もあります。

前項でご紹介したように、親が高齢の場合は、子どもたちの手伝いが必要となることもあります。子どもたちにとっては、腹が立ったり、悲しくなったり、複雑な気持ちにさせられ

ることも多いでしょう。でも、後になってふり返れば、親子が密接に過ごした貴重な時間であり、もう二度と実現できない共同作業だったことがおわかりになるはずです。

残念ながら、親が自ら生前整理をおこなうことなく亡くなった場合には、遺族の責任で家を片づけ、遺品を整理しなければなりません。

遺品整理とはいっても、親の愛用品や深く思い入れのあるモノたちに、直接、別れを告げるわけですから、精神的にも楽な作業ではないでしょう。事前に脳内整理が必要となることは生前整理と変わりません。持ち主本人が亡くなっているだけに、モノの価値や意味を判断し区別するのがむずかしく、たいへんつらい作業となります。

私の依頼人の中に、亡くなったお母さんの遺品で埋め尽くされたままの家で暮らしている若いご夫婦がいました。お母さんが大切にしていたモノばかりだから、どうしても捨てることができなかったようです。

でも、私がお邪魔してカウンセリングをしたところ、ようやく「母の遺品を捨てることで成仏《じょうぶつ》させてあげたい」という気持ちになってくださいました。

親が大切にしていたモノたちをていねいに整理して、きちんとお別れして、しっかり成仏させてあげる……。**遺品整理は親のために子どもたちがしてあげられる最後の親孝行かもしれません。**

●コラム　故人が遺したモノとの別れを手伝う「遺品整理士」と「お焚き上げ」

社会の高齢化が進み、家族のあり方が多様化する中、遺族が遺品整理をおこなうこともむずかしくなってきています。そこで、遺族の気持ちに寄り添いながら、モノとのお別れをお手伝いする「遺品整理士」が脚光を浴びるようになりました。

遺品整理士は、故人が遺《のこ》したモノの中から価値のあるモノを買い取ったり、不要なモノを引き取って処分したりします。遺族に代わって、故人のモノを受け継ぐか、受け継がないかの分別までおこなうこともあります。遺族が忙しいときや短期間ですませたいときは、遺品整理士に一括で依頼することもできます。

故人の魂《たましい》の部分や宗教に関わる仏壇《ぶつだん》、遺影《いえい》、神棚《かみだな》、形見《かたみ》などは、捨てるに捨てられないためでしょう。遺品整理とは別に、それぞれの宗教に合わせた「物供養《もくよう》」を葬儀社や寺院などに依頼する方もいらっしゃいます。

たとえば、日本の伝統文化の一つである「お焚《た》き上げ」には、故人が大切に使っていたモノに礼を尽くし、火の神の力で浄化して天界へ還《かえ》すという意味があります。また、ゴミとして捨てるには忍びないモノたちを、家ごと一括して供養する方法もあるようです。

事例９　実家の撤去準備と遺品整理

あるとき、東京近郊にお住まいのＭさんから、秋田県内にある実家の撤去準備、つまり「家じまい」のための片づけを依頼されました。その家にお住まいだった両親はすでに亡くなり、空き家状態となっていました。親族はＭさんを含めて６人。とてもむずかしいケースです。

親族のみなさんにとって、この家の整理は長年の懸案だったようです。何度も集まって相談したようですが、１００年の歴史が染《し》みついた旧家であり、それぞれの思い出が刻《きざ》まれた大切な実家です。「やはり手放したくない」という意見が出ることもあったようです。Ｍさんご自身も、事務的に処理することには違和感を抱いておいででした。

しかし、いつまでもそのまま放置することはできません。親族はみな遠方にお住まいですから、わざわざ空き家となった実家を訪れる機会は減り、多い方でも年に一度、お墓参りに足を運ぶ程度になっていました。古い家を維持しようと思えば管理費もかかります。そうした負担もあり、ついにみなさんで手放す覚悟をされたのでした。

相談を受けた私は、まず状況を確認するため現地に赴《おもむ》きました。家の中の荷物は、やはり相当な量でした。

実家の家屋は、独立した子どもたちにとって無料のレンタルスペースとなりがちです。とくに田舎の実家は広くて空き部屋が多いため、みなさん同様に、当面使わないモノや思い出のモノ、都会の自宅に入り切らないモノなど、何でも「とりあえず実家に」と考えてしまうのです。そして「とりあえず」のつもりが、年月が経つうち忘れ去られ、「永久的に眠る」状態となり、ほとんど死蔵化していきます。

何年も使われず死蔵化したモノは、通常「不要」と判断するのが整理の基本です。ところが、実家で眠っているモノの場合、やっかいなのは、一度は忘れ去られたようでも、ふたたび持ち主と出会うことでよみがえり、宝物となる可能性があることです。

したがって、どれほど長い間、放置され、死蔵化していたモノであっても、すべて「見える化」して、元の持ち主に確認してもらう必要があります。

親族の希望も、「どこに、どんなモノが、どれほどあるのかまったくわからないので、まずはそれがわかるようにしてほしい」というものでした。

私は、ひととおり整理の方法や段取りについてご説明してから、実作業のスケジュールを組みました。

遺品の形見分け

整理の当日、私と事務所のスタッフ、身内の代表者が現地に集合しました。親族のみなさんの「できることなら実家を手放したくない。悲しい」という思いを受け取り、どんなモノも大切に扱うことを肝《きも》に銘《めい》じながらの作業です。

まずは、ご先祖とご両親の位牌《いはい》に手を合わせ、大切な家を撤去することをお許しいただけるようお願いしました。

それから、身内代表の方の判断を仰《あお》ぎながら、家の中にあるモノを一つひとつ、ご先祖やご両親の遺品と、親族のどなたかの持ち物とに分別して、段ボール箱にまとめたり、部屋の一角に積みあげたりしていきました。

親族は６名なので、後の作業が煩雑《はんざつ》になることを避けるため、あらかじめ各人にご自分の色を決めておいていただきました。その色のテープをそれぞれの持ち物や段ボール箱に貼ることで、作業を効率的に進めることができました。それらの「要・不要」は、後で本人に判断していただきます。

両親が遺されたモノには、生活用具だけでなく、ご先祖の写真や古時計、国旗、お母さんの趣味だった茶道具、お父さんの釣り道具などもありました。

一つひとつ見ていくと、生前のご両親にお会いしたことのない私でさえ、故人の生きざまを感じずにはいられませんでした。

遺品はいろいろな出来事を語りかけてくれるのです。ふろしき一枚でも、大切そうな気がしたので差しだしてみると、「母が大事に使っていたふろしきです。こんなところに残っていたのね」と喜ばれたりしました。

一方、遺品整理では、時として本人も知られたくなかったかもしれない姿が見えてしまうこともあります。

家具の裏側や畳《たたみ》の下に隠されていた日記やメモ類を、身内の方々にお見せしていいのかどうかも迷うところです。とんでもない事実を知ったところで、すでにご本人は天国に召されているのですから、「時効」として許してもらえるかもしれません。

いずれにしても、私が勝手に捨てることは断じて許されないので、基本的には、すべてを「見える化」して確認していただく形をとりました。

こうして、すべてのモノの「見える化」と分類が終わった段階で、親族の間で形見分けの相談をしていただきました。そして、自身の持ち物のうち「要」と判断されたモノとともに、最終的な撤去の日までに各自の責任で持ちだしていただくこととしました。

空っぽになった実家

残された家具や雑貨などには「赤札」といわれる赤テープを貼り、廃棄品であることを明確にします。これで処分の準備ができました。

廃棄物の処分は、地元・秋田県の産廃業者に依頼しました。見積額は約35万円でした。リサイクルショップや古物商に売れたモノもあったので、相殺《そうさい》することで少しは減りましたが、それなりの出費となりました。

処理費用の見積額をお伝えすると、親族のみなさんはとても驚いて「捨てるだけなのに、こんなにかかるとは思わなかった」とおっしゃいます。お気持ちはよくわかります。しかしいまの時代、モノを大量に捨てようとすれば、海外旅行よりお金がかかるのです。これは、もうしかたがないこととして受け入れていただくしかありません。

いやな話ですが、人が亡くなると、葬儀だけでなく、いろいろなことにお金がかかります。たとえば、遺品整理や形見分けのため、ご遺族の方々に遠方から何度も足を運んでいただかなければならないことがあります。当然、交通費や宿泊費がかかります。前もってそうした出費を想定し、備えていただくことはひじょうに大事なのですが、なるべく負担を減らすためにも生前整理をおこなう意味があるように思います。

さて、Mさんの実家の廃棄品がいよいよ運びだされる当日――。2トントラックが3台やって来て、親族一同が見守る中、ひじょうに手際よく「赤札」たちを搬出していきました。そして、あっという間に終わりました。

トラックが去った後、ほんとうに空っぽになった家が残りました。親族のみなさんは、言いようのないさびしさに襲われていたに違いありません。

それでも後日、親族のある方から「持ち帰った形見を自宅に飾ったら、いつも両親が近くにいるように感じる」という手紙をいただき、ほっと胸をなでおろしたものでした。

事例10　高齢者施設への引っ越し

東京郊外、立川市にお住まいのNさんは、80歳を迎え、都内の高齢者施設へ引っ越しすることになりました。高齢者施設への転居を前提とした生前整理の依頼は、最近、とみに増えており、Nさんのケースもその一つでした。

従来の住まいは、環境のよい住宅地にある大きな一戸建てです。家族全員が同居していた頃は、さぞかしにぎやかだったのでしょう。4人の子どもの一人ひとりに個室が与えられ、何不自由ない暮らしぶりだったことが想像できました。

しかし、ご主人が旅立たれ、子どもたちが次々に巣立った後の生活は、やはりさびしいものだったのではないでしょうか。築50年を超えた家は傷みがひどく、床の段差も多くて住みにくそうでした。かつての子ども部屋には古い学習デスクがそのまま置かれ、長い年月の思い出が染《し》みつき、まるで昭和の時代にタイムスリップしたかのようです。

遠方に住んでいる息子さんから、「近くの高齢者施設へ入居しないか」というお誘いもあったとお聞きしました。仕事が多忙な息子さん夫婦は、近くなら、すぐ会いに行けると判断したからです。しかし、静かで緑の多い立川で人生の大半を過ごしてきたNさんとしては、やはりその地を離れがたく、思い出にあふれた家を手放すことができなかったのでしょう。

いよいよ転居を決断されたのは、さすがに大きな家を一人で管理することがむずかしく、2階に上がるのも困難になったからでした。

高齢になると、何をするにも億劫《おっくう》になり、モノの溜めこみ症が始まります。思うように身体が動かず、記憶力も低下して、自分がいま、何をしているかもわからなくなってしまうことがあります。

Nさんにもそうした症状が出はじめたため、今後のことを考えると、子どもたちの心配もどんどん大きなものとなってきたのでしょう。子どもが高齢者施設への入居をすすめ、本人も納得されたようでした。

厳選、また厳選

かつて大人数で暮らした日々の残像がこれほど多くある大きな家から、狭い高齢者施設の部屋に引っ越すとなると、気が遠くなるほどの作業が必要です。

まずは、家中に蓄積したモノの整理と分別。おそらく90パーセント以上は手放さなければなりません。手放すモノの中にも、子どもたちに譲《ゆず》るモノ、売却するモノ、リサイクルするモノ、廃棄処分するモノなどがあり、処分方法はさまざまです。

並行して施設への入居と引っ越しの手続き、土地家屋の売却、相続問題に関する家族会議などもおこないます。身内だけではすべての作業を背負い切るのはとうてい無理なので、私が荷物整理と廃棄業務、引っ越しのお手伝い、入居先の施設での収納作業などをまとめてお引き受けすることになりました。

ここでは、現地調査と計画立案の後におこなった方針説明からお話しします。

①方針説明

現地調査の結果を前提として、整理と分別作業の心構えと具体的な進め方を説明します。

まずは作業のしやすい納戸《なんど》など、不要品が多く積みあがっている部屋から始め、順次、施設に持参するモノを選んでいくことにします。基本的には「2年間使わなかったモノは今後も使用しない」と判断できる原理などをお話しします。

②実作業の第1段階（分別）

捨てる方法や行先はプロに任せていただき、Nさんにはひたすら「今後、絶対に使うモノ」という基準に沿って、施設に持参したいモノを選んでいただきました。

衣類などは複数の部屋に分散して収納されていましたが、すべて一ヵ所に集めて「見える化」しました。あまりの量にNさん自身、圧倒されたようですが、思い切って捨てる決断をすることができました。

この段階では、あえて入居先の収納スペースのことまでは考えません。心で「残したい」と思うモノは、収納のことは気にせずいくつでも選んでいただきます。そして、選んだモノをすべて空き部屋の一つにまとめ、「施設行き」という紙を貼りました。

とりあえず、家中のモノの行き先が決まったことで、Nさんもほっとされたようでした。しかし、気がつけば「施設行き」の部屋の中は段ボール箱でいっぱい。ご自分でも「これだけの量はとうてい施設の部屋に入らない」とわかります。そこから、第2段階の選別が始まります。

③実作業の第2段階（厳選）

第1段階で「施設行き」と判断したモノをさらに減らすため、厳選していきます。実際にそれらのモノと対面しながら、「これは、いつ、どんなシーンで使うの？」を具体的に自問自答していただくのです。

そうすると、多くの場合、「必要だと思ったけれど、ほんとうはもう使う機会はない」とか、「他のモノでいくらでも代用できる」「必要になったら買えばいい」という結論に至ります。

再度、「見える化」をおこなうことにより、同じようなモノをたくさん選んでいたことに気づくケースもよくあります。Nさんの場合も「冬用のスラックスをほんの数本選んだつもりだったのに、実際に並べてみたら10本もあった」とか、「こんなにたくさんの書籍を持っていかなくても、図書館で借りればいい」ということに気づかれました。

モノはそれほどたくさん持たなくても困らないということがわかると、そこでようやく、自分の生活にとってほんとうに快適な量がどのくらいなのかが明確になってきます。「これまでの人生、なんでこんなにたくさんの無駄なモノを溜めこんできてしまったのだろうか」と、Nさんご自身、笑いたくなってしまわれるようでした。

なにしろ、この段階の当初でも、未使用の食品用ラップだけで押し入れ用深型クリアケースの蓋《ふた》が閉まらない量、きれいな布団だけで数家族分くらいの量があったのです。そのすべてを処分するのはあまりにもったいないので、近所の方々を招いてガレージセールをおこなったら、日用品のすべてがなくなりました。

「ほんの少しのお気に入り」に囲まれた新生活

新しい生活を始めるということは、それまで世話になったモノたちに感謝し、お礼を言って、お別れすることです。引っ越し当日、お世話になった近隣の人たちにお礼を言い、別れを告げるのと同じです。

モノたちとのお別れは、引っ越し前にご本人の立ち会いのもとにおこなうこともありますが、Ｎさんのケースでは、ご本人のショックも考えて先に引っ越しを行い、その後、身内の方々の立ち会いのもとに家中のモノを廃棄処分することとしました。

④引っ越し

引っ越し当日、ぎりぎりまで使うモノを最後の段ボール箱に詰めて、引っ越しトラックの到着を待ちます。トラックが到着すると、あっという間に運びだし作業が終わり、すぐに出発となりました。

⑤廃棄処分

「ゴミ」として廃棄処分を決めたモノには、わかりやすくするため、「不要」「廃棄」の意味の赤テープ（赤札）を貼ります。引き出しの中の小物や押し入れの中のこまごまとしたモノは事前に段ボール箱に入れて、作業時間を短縮します。

実際に、産廃業者が運びだし、トラックに積んで去っていく手際のよさは、まさに圧巻《あっかん》でした。

⑥新居での片づけ＋収納

新たに入居する施設に運びこまれたモノを、どこに何があるかわかりやすく、即、取りだしやすいように収納します。高齢者施設の部屋などでは、モノはすべて棚や家具の内部に収納し、足元には何も置かないのが原則です。転倒事故を防ぎ、安心・安全な暮らしを確保するためです。

Nさんのお引っ越しでは、あらかじめ息子さんと一緒に決めてあった収納プランどおりに作業するので、あっという間に快適な収納スペースができあがりました。

「ほんの少しだけのお気に入り」に囲まれた、Nさんの新たな生活が始まりました。始めてみれば「ほんの少しだけ」なのに、案外、快適で気楽とのこと。高齢者施設への転居をきっかけとして生前整理を完成できただけでなく、家族全員にたいへん喜んでいただくことができたのです。

おわりに

「住まいのエンディングノート」のすすめ

突然ですが、あなたはご自分の人生の終末期の希望を、ご家族や大切な方に伝えていますか？

「そんなことは、もっと先の話だから……」と思われるかもしれません。でも、病気は突然、やってきます。生前整理もおこなわないまま、その時がやってきてしまったら、家の中の大切なモノを誰に託したらいいのか、途方に暮れることになるでしょう。

生前整理の依頼を受けたお宅にうかがうと、地層のように積み重ねられた新聞や雑誌の間に、「終活セミナー」のレジュメとともに、エンディングノートがはさまっていることがあります。それも、片づけてみると1冊や2冊ではないのです。

ある方に聞いてみたところ、先月は信託会社主催のセミナー、今月は葬儀社主催のセミナーというように、何度も同じような終活セミナーを受講しているとのこと。どうやらお目当ては、お土産にもらうエンディングノートのようでした。

「エンディングノート」とは、自分の終末期の思いや死後のための希望を書き記《しる》すノートです。具体的には「誰に何を譲《ゆず》るか」「棺《ひつぎ》に入れてほしいモノは何か」など、モノやお金に関することも書いておきます。「備忘録」と考えてもいいでしょう。

最近では社会的な認知度も高まり、すっかりおなじみになりました。終活セミナーで配布されるだけでなく、書店の棚にもたくさん並んでいます。著者や発行者も、葬儀関係者、生命保険会社のファイナンシャルプランナー、司法書士などさまざまで、さまざまな目的、さまざまな角度から、ありとあらゆるノートが山のように発行されています。

エンディングノートには、高齢者の心をくすぐる何かがあるのでしょう。私が生前整理を依頼された方々の中にも、「持っているだけで、なぜか安心する」とおっしゃる方が少なくありません。

ところが、「お書きになりましたか?」と聞いてみると、最初の1ページか2ページしか書いていない方がほとんどです。

商品にもよりますが、「キャリア」「財産」「住まい」などの総括から「医療」「介護」「葬儀」に関する希望まで、総じて書きこまなければならない項目が多すぎるため、すぐに書くのが面倒くさくなり、そのまま山積みされていくのが落ちなのです。

そんなことでは、万が一のことがあった場合、何冊もあるエンディングノートを前に、家族も「いったいどれが本物なのか……？」と困惑するだけでしょう。まったく意味がありません。そのあたりも、生前整理と同様、遺《のこ》された家族の負担とならないよう配慮しておきたいものです。

遺言書より気軽なイメージがあるためか、多くの方がお買い求めになるエンディングノート。２０１３年に相続税法が改正され、２０１５年１月から施行されたことをきっかけに、財産分与が心配になって購入した方も多いようです（法的な力がある「遺言書」とは異なるため、注意が必要。184ページのコラム参照）。

まさしく「相続」とは、避けて通れない争いごとの意味から「争続」とも書かれますが、自分の死後、遺族の間でそんな争いだけは起こしてほしくないという気持ちのゆえなのでしょう。

公的な遺言書だけでなく、エンディングノートにも大切なことを書き記しておけば、遺族が相続を円滑《えんかつ》におこなうための重要な情報となります。

一方では、晩年期に入る前の「終活」の第一歩として、自分が生きてきた歴史を記録に残したいという意識も高まっています。

文章を書くのに慣れていない方にとって、ふだんはあまり考えてこなかったことをすべて記入するのは、たいへんな作業です。しかし、自分の死後をイメージし、悩みながら書きこんでいく作業は、「これからの生き方」を整理することにもつながります。残された人生で、大切にしたいコトややり遂げたいコトなどに気づくきっかけともなるでしょう。まさしく「コト」の整理です。

そんな「備忘録」としての役割を考えるなら、「もっと早くやっておけばよかった」ということにならないよう、60代くらいから書きはじめることをおすすめします。「死」を意識することには、自分の価値観を明確にし、人生をより充実させる効果があるのでしょう。

ある方が不治の病《やまい》で余命宣告されたとき、残された人生の課題の一つとして頭に浮かんだのが「家の片づけ」だったという話を聞いたことがあります。ところが、その方の場合、すでに病状が深刻で、ベッドから起きあがることができませんでした。

結局、本人が亡くなってから身内の方が遺品を整理したのですが、たくさんの遺品の中からようやく見つかったのが、「家の片づけをしたい」と書かれたエンディングノートだったそうです。

そのようなことを防ぐためにも、エンディングノートを書いたときは、かならず身内のどなたかに保管場所を知らせておくといいでしょう。

「終活」には、人生の終わりに備えるといった後ろ向きのイメージがありますが、けっしてそうではなく、晩年を「どう生きるか」の指針を自分自身で考える、前向きな作業です。

これからの人生をより豊かにするためにも役立つエンディングノート。だとすれば、若い方々も含め、家族全員がそれぞれに書きこんで、ライフスタイルに変化が生じたときや誕生日などを節目に見直すといった使い方もいいのではないでしょうか。

●コラム　エンディングノートと遺言書の違い

遺言書は、遺された家族に仲よく暮らしてもらうための「最後のラブレター」といわれます。遺言書がエンディングノートと大きく違うのは、法的な効力と記載のルールがあること。エンディングノートには遺言書を補完する役割がありますが、遺族間で相続関係のトラブルが発生する可能性があるときは、正式な遺言書を作成してください。

ただし、遺言書には「自筆証書遺言」「公正証書遺言」「秘密証書遺言」と3種類があり、法的効力が違います。また、ルールにのっとって書かなければ法的効力がなくなってしまいます。弁護士や行政書士など法律の専門家に相談して作成するといいでしょう。

自筆証書遺言は発見されにくいケースもありますから、そうしたトラブルを防ぐための対策も必要です。

書き方のサンプル

いままでは、ありとあらゆるところで配布されたり、販売されたりしているエンディングノートですが、それらの多くはあまりに複雑で項目が多く、書きこむのがたいへんです。私はもっとシンプルでいいと考えています。

項目別に5冊セットになっているような立派なノートを購入しても、ほとんどの方は途中で挫折してしまいます。何を書いていいのか悩むことが多くて、結局、面倒になってしまうのです。

基本的には、もっと薄い一般的なノートを使って、重要なことだけを記載すれば十分ではないでしょうか。相続関係のトラブルが心配なら、別にフィナンシャルプランナーや司法書士が発行している、遺産相続に特化したノートを併用すればいいでしょう。

私が提唱しているのは「住まいのエンディングノート」。「モノ」に焦点を当てた、生前整理につながる備忘録です。

いきなり大切な所有物や思い出のモノたちの処分を考えるとむずかしいので、まずは「これまでに成し遂げたコト」とか「今後、やりたいコト」といった「コト」の記述から始めます。

①私の過去の記録

これまでのご自身の歴史（キャリア）を「○年○月○日」といった形で時系列《じけいれつ》に沿って書き記します

②これからやりたいこと

今後、悔《く》いのない生き方をするため「これからやっておきたいこと」を箇条書《かじょうが》きにします。実行に移しやすくするため「いつ頃まで」というゆるい期限も設定すると効果があります

③書類の保管

生命保険・損害保険・預金通帳・不動産の権利証・年金証書・遺言書・印鑑・金庫の鍵《かぎ》・現金・葬儀に関する書類・介護に関する書類などが、どこにどのようにファイリングしてあるかを明記しておきます

④大切にしているモノ・ペット（財産外）

・大事にしている家宝——アルバム、骨董品などは誰に託すか

・ペット――一人暮らしの方は、かわいがっているペットをどこの誰に引き取ってほしいかを決めておくと安心です
・パソコン――廃棄《はいき》してほしいデータはどこにあるか、パソコンごと廃棄処分にするか、CDやUSBの形で誰かに遺したいデータはあるか、パスワードも記載します
・住所録――葬儀に来てほしい人のリスト、訃報《ふほう》を知らせてほしい人、知らせてほしくない人など
・棺に入れてほしいモノ――家族の写真、優勝したときのカップや表彰状、大好きなモノなど
・遺品について――「すべて処分してほしい」または「○○さんに託す」「お任せします」などを明記しておくと、家族は遺品整理の際にとても助かります
・大切な人へのメッセージ――見てほしくない日記や、天国まで持っていきたいモノなどがあるときは「読まないでほしい」と明記して、家族が不要なショックを受けないようにする気遣いも必要です

項目に沿って書き進めていけば、モノにまつわるエピソードがどんどん脳裏に浮かび、思いがあふれてくるでしょう。自分にとって何がほんとうに大切で、何が誇《ほこ》るべきものか、そ

して何が不要なのかも見えてくるでしょう。そして同時に、いまの自分に残された時間の中でどんなことを成し遂げたいか、子どもたちに何を遺したいか、などもわかってくるのではないでしょうか。

こうしたプロセスを体験すること自体が生前整理の一環です。「終活」のとても重要なステップの一つなのです。

生前整理は、単にモノの整理や収納のテクニックではないということがおわかりいただけたのではないでしょうか。

最後に、みなさんにぜひ生前整理にトライしていただくため、10項目の心得を並べてみました。

さあ、勇気を出して生前整理をおこない、快適でゆとりのある人生を創造しましょう。あなたの未来が明るく健《すこ》やかになりますよう、一つずつでもいいので、今日から、実際の行動を始めましょう。

生前整理収納10の心得

1「見える化」によって自分の価値観を知る
2生前整理をおこなうことを家族や親戚に話す
3家族に無理にモノを捨てさせようとしない
4安全で、手が届きやすく、しまいやすい収納に変える
5「遺《のこ》すモノ」と「手放すモノ」を分ける
6「身の丈《たけ》を知る」を意識する
7家族全員がわかるようにラベルを貼る
8モノにもコトにも序列をつける習慣を身につける
9モノはかならず同じ仲間どうしの塊《かたまり》で収納し、分散させない
10衝動買い、大人買いはせず、定量を維持する

著者略歴

一九六〇年、東京都に生まれる。整理収納コンサルタント。RAKUYA代表。大手住宅メーカーに勤務後、一般社団法人ハウスキーピング協会認定「整理収納アドバイザー1級」を取得。住宅関連企業の主催するイベントや研修の講師として活動。「暮らしをラクに楽しく」をコンセプトに「片づかない」とお悩みの方の住まいに出張し、その方の暮らしの価値観を尊重する、自立型片づけコンサルタントとして活躍中。

楽々《らくらく》できる生前整理収納《せいぜんせいりしゅうのう》
——片《かた》づけで運気《うんき》が上《あ》がる

二〇一七年四月一一日　第一刷発行

著者　戸田里江《とだりえ》
発行者　古屋信吾
発行所　株式会社さくら舎　http://www.sakurasha.com
東京都千代田区富士見一-二-一一　〒一〇二-〇〇七一
電話　営業　〇三-五二一一-六五三三　FAX　〇三-五二一一-六四八一
編集　〇三-五二一一-六四八〇
振替　〇〇一九〇-八-四〇二〇六〇

装丁　アルビレオ
装画　©BLUE MOUNTAIN/orion/amanaimages
本文図版　朝日メディアインターナショナル株式会社
印刷・製本　中央精版印刷株式会社

ISBN978-4-86581-094-3